NOTICE HISTORIQUE

BIBLIOTHÈQUE ROSICRUCIENNE

DEUXIÈME SÉRIE, N° 5.

FRANZ VON BAADER

LES ENSEIGNEMENTS SECRETS

DE

MARTINÈS DE PASQUALLY

PRÉCÉDÉS D'UNE NOTICE SUR LE MARTINÉZISME & LE MARTINISME

PARIS

BIBLIOTHÈQUE CHACORNAC

11, QUAI SAINT-MICHEL, 11

1900

DANS LA MÊME COLLECTION

PREMIÈRE SÉRIE :

I. Jean Trithème. — *Traité des Causes Secondes.*

II. Rabbi Issachar Baer. — *Commentaire sur le Cantique des Cantiques.*

III. R. P. Esprit Sabbathier. — *L'ombre idéale de la Sagesse universelle.*

IV. J.-G. Gichtel. — *Theosophia Practica.*

V. Martinès de Pasqually. — *Traité de la Réintégration des Êtres.*

VI. Saint Thomas d'Aquin. — *Traité de la Pierre Philosophale.*

DEUXIÈME SÉRIE :

I. Adumbratio *Kabbalæ Christianæ.*

II. Henri Khunrath. — *Amphithéâtre de l'Éternelle Sapience* (Les douze planches).

III. Henri Khunrath. — *Amphithéâtre de l'Éternelle Sapience* (Texte complet).

IV. Guillaume Postel. — *Absconditorum Clavis.*

LES
ENSEIGNEMENTS SECRETS
DE
MARTINÈZ PASQUALIS

LES
ENSEIGNEMENTS SECRETS
DE
MARTINÈZ PASQUALIS

Vous me demandez, honoré ami, de vous communiquer quelque chose touchant les enseignements secrets de Martinèz Pasqualis, auxquels vous vous êtes intéressé à travers les écrits de deux de ses disciples, feu Saint-Martin et l'abbé Fournié (1) qui vit encore à Londres ; je vais donc, selon mes forces et autant qu'il m'est permis, accéder à votre désir.

---

(1) Il a publié à Londres, en 1801, la première partie d'un ouvrage intitulé : *Ce que nous avons été, ce que nous sommes, et ce que nous deviendrons*, dont nous pouvons nous attendre à avoir prochainement la suite, d'après ce que l'auteur m'a dit l'année dernière. Cf. l'excellente revue : *Der Lichtbote*, vol. I, p. 478.

Si, en tout temps, il y eut et il y aura des hommes qui, en tant que représentateurs du futur, tels les prophètes, nous ont montré que le futur est *déjà* là, il doit également y en avoir eu en tout temps d'autres qui, en tant que représentateurs du passé, nous montrent, par le souvenir, que le passé est *encore* là (2), et un tel représentateur du passé (du Judaïsme) est assurément Pasqualis qui, à la fois juif et chrétien, — il confessait la religion catholique romaine, — a fait revivre pour nous l'ancienne Alliance, non seulement dans ses formes, mais encore avec ses pouvoirs magiques. Et si l'on

---

(2) C'est dans ce sens, honoré ami, que vous appelez l'historien un prophète regardant en arrière, et vous rejetez ainsi de l'étude de l'histoire tous ceux auxquels ce don de vision n'a pas été accordé. Du reste, comme ce n'est que le point central de vision, qui a été une fois obtenu ou atteint, qui permet de contempler l'ensemble, on conçoit comment ce regard du voyant en arrière ou en avant, cette pré ou post-résonnance dans l'histoire est surtout indivisible, bien que ce même don se manifeste davantage dans un sens chez tel individu, et davantage dans un autre sens chez tel autre individu. C'est ce que j'ai pu constater moi-même chez des sujets magnétiques.

peut avec raison considérer cette nouvelle époque, à laquelle vivait Pasqualis, comme le commencement d'une éclipse générale, d'un affaiblissement de la lumière du Christianisme, on ne doit pas s'étonner de voir, durant cet obscurcissement de l'unique soleil, survenu par notre faute, réapparaître certains astres qui, pour parler le langage de Saint-Martin, se montrent comme des revenants, simplement parce qu'ils sont non allant. Si donc le Christianisme, dans la force de sa prime manifestation, a rendu muette la magie du Paganisme et du Judaïsme, la réapparition de cette magie, même si elle ne s'est fait que peu remarquer, ne peut être attribuée qu'à l'affaiblissement du Christianisme, et être considérée comme le réactif nécessaire à une nouvelle et plus puissante manifestation.

En effet, le Judaïsme est au Christianisme ce que ce dernier est à un troisième terme supérieur, dans lequel chacun des deux doit être transfiguré. Si l'on interprète la parole de S. Paul : « *Par, avec et en Dieu,* » dans son véritable sens, alors, comme il est vrai que la parfaite habitation de l'Esprit divin dans l'homme-esprit est le but et le sabbath, il devient évident que ce troisième moment a dans les deux antécédents, — per-habitation et cohabitation, — à la fois ses prédécesseurs et ses coopérateurs, dont la présence dans le temps, ainsi que la disparition, sont purement phénoménales (3).

Dans cette première ère, régime du Père ou premier degré d'Apprenti de l'homme-esprit, l'Absolu se tient encore comme Seigneur absolu, supérieur seulement à l'Unique, habitant seulement par celui-ci, — « *il déplace les montagnes et ils ne savent pas* » — (4), tandis que, dans la seconde ère, régime du Fils ou degré

---

(3) Ainsi, dans la Transfiguration, Elie et Moïse n'agissent que comme coopérateurs.

(4) Merveilleuse est l'échelle que Pasqualis nous présente sur les différentes manières d'être d'un agent supérieur auprès d'un inférieur et de celui-ci envers celui-là dans son action et sa conduite, en nous disant : « *L'esprit agit dans, avec, par, sans et contre l'homme.* » En effet, je ne connais pas de gradation plus complète pour désigner ma manière d'être ou celle de tout chrétien envers Dieu. Par là, l'homme peut chaque fois se rendre compte s'il agit en, avec, par, sans ou contre Dieu.

de Compagnon, le Premier, S'unifiant en lui et Se dépouillant de l'Unité de Sa Gloire dans la figure de ce Serviteur (5), descend vers le par-

---

(5) On peut consulter le *Judas Iscariot* de Daub sur ce libre renoncement ou suspension de l'universel jusqu'à l'unité — le Fils de Marie —; et l'opposé de cette concentration, qui a pour but l'expansion universelle en amour, est cette compression tout à fait forcée du Mauvais esprit, qui a pour but l'explosion universelle dans la haine accompagnée des tourments de Tantale. Saint-Martin, un disciple de Pasqualis, s'exprime ainsi : « Qui atteindra la sublimité de « l'œuvre de la renaissance de l'homme ? ne lui com- « parons pas la création de l'univers Ne lui compa- « rons pas même l'émanation de tous les êtres pen- « sants » — émanation que Pasqualis distingue toujours de l'émanation suivante ou création. — « Pour « opérer toutes ces merveilles, il a suffi que la sagesse « développât ses puissances, et ce développement est « la véritable loi qui lui est propre. Pour régénérer « l'homme, il a fallu qu'elle se concentrât, qu'elle « s'anéantît et qu'elle se suspendît, pour ainsi dire, « elle-même. » D'ailleurs les trois moments dont il est question dans le texte peuvent nous donner une théorie suffisante de ces différents états, dont nous parlent plusieurs mystiques, par exemple, Mme Guyon ; car le triple nom du Seigneur — Jésus, Christ et Fils de Marie — indique déjà une triple manifestation : dans l'homme extérieur (Être naturel); dans l'homme-

ticulier, — l'Aigle qui, auprès du Prophète, volète pendant un temps sur la terre devant ses petits, — se rendant pareil à lui, c'est-à-dire demeurant auprès de lui ou avec lui, jusqu'à ce que et pour qu'enfin, à la dernière ère, régime de l'esprit ou degré de Maître, l'Universel, soulevant (6) l'Unique en soi, habite en

---

esprit intérieur (Être spirituel); et dans l'homme central (Centre divin).

(6) Ici nous voyons une nouvelle signification du mot *soulever*, dont Hégel, le premier, a déjà fait remarquer le grand nombre de sens. Le Médiateur, dont le soulèvement ou l'intercession a pour but le mouvement de l'esprit, peut lui-même être ce qui soulève ou ce qui est soulevé, et, ainsi, l'intercession ou le soulèvement peut se faire de trois façons. Je ne dois me laisser relever que par ce qui est plus élevé que moi, c'est-à-dire soulever, dresser, enlever, ou rendre vrai, de même que je dois relever et redresser ce qui est au-dessous de moi. Mais si une chose inférieure cherche à me soulever, c'est-à-dire veut m'entraîner, alors on conçoit aisément que mon action médiatrice s'y oppose et prenne un autre caractère. Mais ici aussi, en conflit avec le mal et le mauvais, cette action se manifeste d'une façon quand elle doit être dirigée contre le mal, qui inhabite et cohabite déjà en moi, et d'une autre manière contre le mal qui seulement perhabite

même temps par lui, auprès de Lui et en Lui.
Mais à l'orgueil des émigrants de l'homme-

---

en moi, ou qui m'emplit ou qui est déjà hors de moi;
c'est-à-dire que, de même que je puis encore faire le
mal, quoique mon cœur et ma tête n'y participent
pas, de même je puis et je dois faire le bien, quoique
mon cœur et ma tête n'y acquiescent point. Et, de
même que, pour parler de l'inhabitation de la puissance soulevante, chaque action bonne occasionne et
fixe la disposition, le caractère, la nature, etc., de
même chaque action destructive ne produit que la né-
gation de soi-même, détruit, soulève de nouveau, et
ce soulèvement de soi-même — tuer, — la volupté est
à la *factio continui* ce que la douleur est à la *solutio
continui* — cette sui-nocence consiste précisément
dans ce processus de soulèvement sans lequel aucune
opération du malin et aucune occasion de bonne disposition ou de bonne nature ne sont possibles. Car, dans
le bien comme dans le mal, l'action de l'esprit com-
mence par un acte immédiat et s'y termine, et le pouvoir du bien comme du mal doit nécessairement me
posséder avant que je puisse en être maître. Si, du
reste, on considère la nature comme l'universel non-
médiat, on ne peut se dispenser d'établir une distinction entre ce non-médiat (la nature) qui se trouve
d'une part *supérieur*, et le non-médiat inférieur à
l'homme-esprit, ce qui justifie le ternaire de Pasqualis relatif aux modes de l'être : le divin, le spirituel dans un sens plus restreint, et le naturel égale-

esprit, ce discours semble dur, et ils se tournent alors plus volontiers vers ceux qui leur offrent ce grade de Maître à meilleur compte, c'est-à-dire sans qu'ils aient besoin de passer par le travail de l'Apprenti et l'école du Compagnon, et qui leur promettent par conséquent, non seulement de les faire parvenir à la compréhension du Christianisme sans avoir besoin de comprendre le Judaïsme, mais qui se font forts de les rendre complets (sapients, illuminés), par une voie plus facile qu'en passant par le Judaïsme et le Christianisme. Or à de tels Sages ignorants on pourrait dire avec raison :

---

ment dans un sens plus restreint. Le premier mode pense seulement et n'est pas compris, veut seulement et n'est pas incité, agit seulement et ne reçoit aucune impulsion ; le deuxième mode pense et est compris, veut et est incité, agit et reçoit des impulsions ; et le troisième n'est que conçu, ne pense jamais, qu'incité et ne veut jamais, et reçoit des impulsions sans jamais agir. Ce ternaire rappelle dans une certaine mesure la « natura creans et non creata, natura quae creatur « et creat, et natura quae creatur et non creat » de Scot Erigène, natures auxquelles il ajoute une quatrième, « natura neque creans nec creata », ou plutôt à laquelle il subordonne les trois autres.

Si tu déifies seulement l'intelligence et la science,
Pouvoirs suprêmes du moi hautain,
Tu t'es déjà donné au diable,
Et avec lui tu périras.

Un des principes de Pasqualis est que chaque homme est né prophète et, par conséquent, obligé de cultiver en lui ce don de vision, culture à laquelle devait précisément servir l'école de ce maître. Dans ce même sens et dans un sens encore plus hardi, son disciple appelait chaque homme un Christ-né, c'est-à-dire Christ et non Chrétien. A notre époque, ce « réchauffé de notions vieux-testament » doit paraître à beaucoup de gens dépourvu de saveur. L'auteur (7) de la Phénoménologie de l'Esprit n'ap-

---

(7) Il est notoire que ce penseur, dont la dialectique, aussi coupante qu'une lame à deux tranchants, blesse souvent à la fois l'adversaire et celui qui la manie, fut le premier qui, d'une main audacieuse, alluma le processus de l'auto-incinération de la philosophie moderne — son auto-da-fé — et que c'est à lui que nous devons l'intelligence claire de cette angoisse dialectique de l'esprit, dont Kant, à la vérité, a méconnu d'une part l'indestructibilité, mais qu'il a d'autre part reconnue comme un désir curieux de la raison, contre lequel il

pelle-t-il pas même — ironiquement — « le don de prophétie » le « don d'exprimer les choses saintes et éternelles d'une manière inintelligible ». Bon mot, il est vrai, mais qui réfute aussi peu la véritable interprétation des choses sacrées de cette façon, qu'il ne donne une explication sensée de ce phénomène. Semblablement nous voyons nombre de nos magnétiseurs considérer leurs voyants comme des ventriloques stupides, quand ils racontent avec le ventre, comme ils se l'imaginent, des choses trop hautes et trop subtiles pour leur intellect de magnétiseurs (8). A mon avis, il est égale-

---

n'y a d'autre remède que de s'en tenir opiniâtrement à la réalité sensible et de se lancer hardiment, un peu comme ceux qui fuient devant la dialectique qui les poursuit de la mort terrestre, et qui prennent leur crainte de la vie pour la crainte de leur véritable mort. Si cependant il existe une dialectique *immanente*, au sens le plus strict, c'est-à-dire se dirigeant vers l'intérieur ou vers le supérieur, il y a aussi une dialectique, une action spirituelle, non moins intrinsèque, qui mène vers le bas. C'est aussi la raison pour laquelle les anciens nous représentaient le diable comme un subtil dialecticien.

(8) Il est fâcheux, pourrait-on crier à ces prophètes

ment mauvais de faire l'apothéose de ces manifestations spirites, de décider dans le trouble, de suivre tout *ignis fatuus*, comme une clarté éternelle, et de ne prendre aucune lumière pour la lumière qui n'est point froide, qui ne laisse pas de froid et qui ne donne pas froid, Est-il donc si difficile de discerner, à travers la lueur phosphorescente de cette trouble manifestation spirituelle, les ténèbres radicales intérieures, comme aussi, à travers cette ardeur passionnée extérieure, l'interne froid de la mort, impression hivernale de Méphistophélès dans le rayonnement d'un soleil d'été? On ne doit pas, dit Claudius, cesser de respecter le vrai roi sous prétexte qu'il y a aussi les rois de pique et de cœur ; et tu n'es même pas capable d'ôter le pouvoir de te pénétrer à ce Dieu qui inhabite ou cohabite en toi, non parce que tu l'as fait

---

qui se sont eux-mêmes rendus muets, que les prophètes ventriloques soient obligés, comme l'ânesse de Balaam, de témoigner contre vous. Néanmoins le magnétisme animal se maintient toujours malgré tous ses adversaires, c'est-à-dire malgré les risées, la condamnation et les mépris. qui sont certes plus faciles que la compréhension.

descendre vers toi, ni parce que tu t'es haussé ou enflé jusqu'à Lui, mais parce qu'Il est librement descendu vers toi (9).

Un des principaux enseignements de Pasqualis est celui-ci : « *L'homme a à remplir, dans la région spirituelle, la même fonction corporisatrice, produisant la troisième dimension,*

---

(9) De même que l'action mauvaise ne peut pénétrer dans l'élément actif — le feu, l'homme — qu'en passant par l'élément passif — l'eau, la femme — de même l'action bonne ne pouvait prendre que le même chemin. C'est pourquoi la femme, en tant que médium inconscient, ne fait que propager, pour ainsi dire, la bonne et la mauvaise action. Et tous les philosophes modernes confondent l'agent et le médium, lorsqu'ils étendent l'infériorité du médium ou instrument, à l'action bonne ou mauvaise qui l'emploie. De cette manière, l'action divine elle-même semblerait en quelque sorte subordonnée à l'action humaine ; tandis que c'est, au contraire, l'instrument ou véhicule de cette action divine qui lui est soumise. Du reste, d'après ce qu'on vient de dire, on peut indiquer le véritable point de vue, d'après lequel la *femme*, comme le *corps*, doivent être aussi respectés que redoutés dans nos relations actuelles avec eux. Ne la gâte pas (la femme), car il y a en elle une bénédiction, mais crains la toutefois, car il y a sur elle une malédiction !

que la terre dans la région matérielle, et en ceci on peut trouver la clé du secret de son mélange, de sa complexcité et de l'union indissoluble qui en résulte avec la Terre principe. »
J'ai exposé ces données dans mes « Principes des Enseignements fondamentaux de la Vie », et, dernièrement encore, j'ai démontré aux initiés la corrélation du vieil adage chimique : *Vis ejus integra, si conversus fuerit in terram* — et du dogme christiano-théologique : *Vis ejus integra, si conversus fuerit in hominem.* Pasqualis fait précéder la fonction médiatrice terrestre de l'homme de deux autres actions élémento spirituelles, celle du Feu et celle de l'Eau, et il base là-dessus, comme nous le verrons dans la suite, sa théorie et sa pratique théurgiques (10), mais où il faut encore remar-

---

(10) Si la philosophie moderne ignore maintes sciences et maints pouvoirs, qui semblaient importants à la philosophie ancienne, on peut aussi considérer, avec Hégel, cette privation comme une preuve de ce qu'a perdu l'esprit humain. Sans doute, cette propagande, comme celle de ses congénères politiques de notre époque, ne se fit-elle si facilement que parce que les unes et les autres ne reposent réellement que

quer que, de même que son disciple Saint-Martin, il attribue à l'élément Air une fonction

---

sur l'ignorance et le manque de savoir. Ainsi, par exemple, le mépris grossier et révolutionnaire qu'un peuple ou un homme ressent à l'égard d'une institution politique quelconque qu'il ne comprend plus, est-il tout à fait facile, et, pour cet homme ou ce peuple, il advient parfois qu'il prend son interne vacuité d'idée et cette absolue impuissance de s'élever de nouveau jusqu'à elle — cette *alacrity* dans la chute, comme dit Falstaff — pour l'affranchissement qui l'élève au-dessus d'elle. Je dis *idée*, car ce qu'on nomme esprit de corporation, dans un bon sens, par exemple l'esprit de corps dans la carrière militaire, n'est pourtant que l'*idée* unique génératrice de substance, dont « le mutisme et l'inefficacité récents », par la faute des hommes, d'abord en haut, puis en bas, amènent partout le désordre inhérent à la décadence asthénique de notre époque. Mais, de même que la religion nous reporte à l'idée de toutes les idées, de même l'Église, en tant que corporation de toutes les corporations, doit leur servir de base et les consolider toutes. C'est aussi pourquoi, depuis sa décadence, toutes ces corporations voient venir leur décomposition, contre laquelle ne pourraient rien toutes les artifices des momies et des régimes. La science financière elle-même a, de nos jours, fait cette expérience que, seule la richesse de la corporation assure la fortune individuelle, et que, sans celle-là, il n'y en a point de fixe ni de durable. Par conséquent le prin-

relativement supérieure dans toutes les régions, n'entrant jamais comme élément constitutif dans la formation ; et ainsi nous verrons dans la suite comment Pasqualis ramène ce ternaire du Feu, de l'Eau et de la Terre, le premier étant le principe et la fin de l'élément, le second le principe de la matière ou corporisation, et le troisième celui de la forme ou corporisation achevée, au ternaire du *nombre* ou action primordiale, de la *mesure* ou réaction, et du *poids* de l'énergie accomplissant et achevant l'action (11).

---

cipe atomique, de la destruction et du morcellement, expression omineuse des opérations financières modernes, mène ici aussi à la mort.

(11) Cette doctrine se retrouve également dans la doctrine des manifestations. Saint-Martin, par exemple, dit que, de même que la nature nous montre ses substances en germe, en végétation et en production et de même que les hommes correspondent par lettres quand ils sont séparés, se parlent quand ils peuvent s'entendre, gesticulent quand ils se voient, de même les manifestations des êtres supérieurs parcourent des degrés analogues : « Tout est tableau « dans les œuvres de la pensée. Elle ne se présente « jamais à nous que sous une forme sensible, parce « que tout est complet dans la source qui la produit.

Si d'ailleurs Pasqualis, aussi bien dans la théorie que dans la pratique, s'attache fortement à ce principe, savoir : « *Aucune opération physique ne se produit sans une action spirituelle correspondante* », on aurait pourtant tort de penser que sa physique se réduit aux spectres et aux esprits. Mais, par contre, il se montre tout à fait exempt de cette superstition

---

« Cette forme sensible est son écriture. Mais on ne
« s'écrit que quand on est séparé ! ce sont là les subs-
« tances en germe..... Ne pouvons-nous pas entendre
« la voix des hommes au milieu des ténèbres et sans
« les voir ? Ce sont là les substances en végétation.
« Mais il y a un troisième degré : nous voyons agir
« les hommes quand ils sont près de nous et que la
« lumière les éclaire ! Voilà les substances en pro-
« duction..... » C'est-ce qui explique en outre comment et pourquoi personne n'a jamais vu Dieu, et c'est la raison pour laquelle le Verbe seul nous le fait connaître, bien que ces paroles : *Vous l'avez entendu, mais vous ne l'avez pas vu*, aient eu une signification sur l'Horeb, et une autre sur le Thabor. En d'autres termes, Dieu n'est visible et reconnaissable pour la créature qu'en tant que cohabitant en elle, et non en tant que la perhabitant ou l'inhabitant, et, si la crainte de Dieu est le commencement de la science et de la sagesse, l'amour en est la fin. Par conséquent la science sans l'amour est fausse et imparfaite.

ou croyance moderne en l'abstrait intelligible et en ce misérable « spectre » d'une nature absolument dépourvue d'esprit, de cette croyance en la matière, intelligence limitée, dont on voudrait couvrir la pauvreté de cœur avec une feuille de figuier. Il est du reste utile de remarquer combien l'étude approfondie et la culture plus soigneuse de la matière en elle-même a affaibli à notre époque la superstition ou croyance en cette même matière. Ainsi, par exemple, Kant a déjà rouvert la porte à ces anciens esprits de la nature, connus des alchimistes, en introduisant de nouveau dans la physique l'idée de la pénétration dynamique, idée qui paraît irrationnelle, il est vrai, dans cette physique mécanique, à ce que disent les mathématiciens ; et même nos matérialistes, qui craignent les esprits, ne font-ils pas une distinction assez tranchante entre les corps spécialement pondérables, isolables et saisissables, et les substances impondérables, non isolables et insaisissables qui, par conséquent et suivant l'opinion générale, sont des agents immatériels. L'affadissement et l'affaiblissement continu des soi-disant jouissances des sens, comme aussi la spiritualisation continue de nos maladies corporelles, prouvent que le culte même de la matière la dématérialise de plus en plus. Mais si déjà nul fait physique n'est explicable par la communication réciproque des corps individuels accomplis, c'est-à-dire atomiques, on peut s'attendre à ce qu'il en soit de même pour chaque fait psychique et que le contact mutuel des personnes ou des esprits individualisés ou paraissant tels, où le contact avec des inférieurs est insuffisant. Il en résulte qu'ici aussi les « fluides », c'est-à-dire les agents qui ne se manifestent pas d'une manière individuelle (12), sont nécessaires; et cette idée de

---

(12) Tout agent supérieur se manifeste, il est vrai, en règle générale, dans la région immédiatement inférieure, seulement centrale et individuelle; mais il ne s'ensuit pas qu'en s'élevant vers son centre, il ne soit pas lié à la manifestion individuelle. Si, d'ailleurs, la physique moderne reprenait l'idée de pénétration, ou perhabitation, elle aurait à rechercher les deux moments suivants, cohabitation et inhabitation, de l'être supérieur ou universel dans l'être inférieur et particulier. Le minéral, le végétal et l'animal nous montrent la continuité de ces trois moments, et nous rappellent que l'homme-esprit, dans ses rapports avec sa

pénétration trouve ici aussi son emploi. En effet, on a vu récemment des psychologues faire une juste distinction entre des esprits ou personnalités non individuelles, et d'autres entièrement individualisées, par conséquent entre l'idée de personnalité et celle d'individualité ; mais ils firent cependant la faute de déclarer possible une séparation absolue, partant, une extinction, comme si l'esprit pouvait jamais se détacher de la nature ou celle-ci de l'esprit, et, comme si ce qui nous paraît une telle séparation n'était pas simplement un changement d'individualité conservant la même personnalité distincte (13). Dans la mort naturelle, par

---

nature supérieure, est successivement minéral, végétal et animal.

(13) Autenrieth, faisant une distinction entre la personnalité et l'individualité, et considérant celle-ci comme l'organe de celle là, remarque très justement que, comme la première n'est pourtant pas elle-même dans l'espace, sa manifestation dans l'espace, sans nuire à son unité, peut s'effectuer dans un organe *séparé dans l'espace*, de même cet organe peut *se dédoubler* dans un seul et même organisme, dans lequel se produit un dédoublement de l'individuabilité sensible dans la personnalité spirituelle perma

exemple, et dans tous les états analogues, auxquels appartient l'extase magnétique, ce n'est plus seulement l'individu particulier extrait de l'individualité de la nature universelle, c'est-à-dire agissant proprement et réellement, mais cette même individualité de la nature universelle qui est le fondement de la personnalité; et la personnalité séparée, pour parler le langage de Pasqualis, entre immédiatement en rapport avec la Terre-principe. Or, cette suspension de l'individualité de la nature dans l'universel n'est pas un état stable, mais sert à la transformation dont parle Saint Paul; et il

---

nente, comme on le constate chez nombre de malades et chez les voyants magnétiques. (Voy. les *Tübinger Blätter für Naturwissenschaft*, tome II, 3ᵉ partie. *Cas d'un enfant qui vit encore avec une lésion au cerveau.* — Ce que dit Schubert dans les *Blätter für höhere Wahrheit*, p. 2, est très remarquable :
« On peut comparer l'illusion sur laquelle repose la
« prétendue union de l'âme et du corps actuel à celle
« que l'on observe très souvent dans certains états
« morbides et dans les rêves, où l'homme se prend
« pour une tout autre personne, et agit, pense, aime,
« hait, souffre et jouit selon les sens de cette indivi-
« duabilité étrangère. »

serait aussi faux de ne pas croire au retour particulier de l'individu hors de la nature universelle, c'est-à-dire à la résurrection du corps, qu'il serait faux de croire à une simple répétition du premier état de cette sortie. Exprimons-nous avec plus de précision : on peut se figurer, dans cette seconde sortie, la personnalité distincte indépendante de la nature, mais non sans nature, indépendante du temps et de l'espace, mais non dépourvue de temps et d'espace ; et celui qui veut nous donner une théorie complète du temps et de l'espace, devra démontrer le rapport de la personnalité avec la nature, ainsi qu'avec le temps et l'espace, *avant pendant* et *après* sa réintégration dans cette nature universelle, de même que son dernier rapport dans l'état de béatitude ou de damnation. On peut raisonnablement considérer une théorie du temps et de l'espace comme le problème dont la solution est demandée à la philosophie allemande, et qu'elle doit résoudre (14).

---

(14) Qu'on compare les théories de Hégel sur le temps et l'espace, dans l'*Encyclopédie des Sciences philosophiques*, et celles de Daub dans *Judas Isca-*

Si, du reste, celui qui, reconnaissant la nature de l'esprit comme distincte de l'inconscient et

---

rioth, ainsi que mon écrit sur « *la Notion du Temps.* » Qu'il me soit permis de faire remarquer encore ici quelques conséquences des idées présentées dans le texte. On conçoit tout d'abord qu'en règle générale, tous les morts terrestres ne sont en rapport avec ceux qui vivent sur notre globe que par l'intermédiaire de l'individu universel, élément non individualisé, et que l'apparition sensible d'une telle personnalité morte n'est qu'une exception à la règle générale, et ne peut être qu'incomplète, ce que signifie le mot même d'*apparition.* D'autre part, on peut considérer qu'ainsi que dans la société civile, où la propriété individuelle n'exclut pas la communauté, ainsi dans la possession organique, sans laquelle il serait impossible d'imaginer un sentiment commun, et où par conséquent l'identité de l'organe n'exclut pas la pluralité des personnalités qui s'en servent, comme, par exemple, dans le cas de ce monstre — les deux jeunes hongroises collées par le ventre — où il se manifestait une communauté de sentiments dans la partie commune du corps, et par suite aussi un mouvement commun dans l'organe commun de la locomotion, malgré les personnalités distinctes, comme, en outre, dans notre société civile actuelle la propriété privée et la communauté se maintiennent encore distinctes, quoiqu'on exige une *communio bonorum,* dans laquelle les deux espèces de propriétés passent l'une dans l'autre et se prêtent un

supérieure à lui, ne peut trouver aucune objection contre la possibilité et la réalité de « la sensibilisation de l'esprit », ainsi que l'enseigne Pasqualis, je ne vois pas les raisons qu'y peut opposer le panthéiste le plus convaincu, qui considère l'apparaître de l'esprit, ou conscience dans l'homme, comme un mirage passager de la conscience universelle, c'est-à-dire comme une ampoule spirituelle que la substance générale fait lever — la terre a des bulles comme l'eau — et qui en conclut que des mirages analogues, ni plus ni moins réels, objectifs et durables que la conscience humaine elle-même, peuvent aussi se former d'une autre manière et se manifester même hors de l'homme, là où la substance universelle ne peut les faire apparaître sans lui, mais en lui et par lui, par exemple engendrés dans les nerfs intestinaux (15). Mais

---

mutuel appui, de même on peut aussi, dans le monde physiologique, s'attendre à une semblable communauté de biens. Par contre, les luttes révolutionnaires de la propriété commune et de la propriété privée nous donnent un modèle de la vie commune des damnés.

(15) On ne peut, en effet, accorder une force supé-

il serait certes bien inutile de discourir sur la possibilité de telles manifestations psychiques,

---

rieure à cette *plastique de la sensation* de certains modernes, parce que cette puissance plastique se manifesterait effectivement comme créatrice, si elle devait faire tout ce que l'on lui impute. D'ailleurs le professeur Kieser pense pouvoir très-facilement faire disparaître ce qu'il y a de réel dans ces manifestations, par une réduction à la subjectivité. Or, il est absolument exact que les lois de la catoptrique (réflexion) et de l'acoustique (ventriloquie) se reproduisent aussi d'une foule de manières dans le monde psychique, et qu'un grand nombre de ces prétendues visions et de ces opérations de l'art tombent entièrement sous ces lois. Cependant on se tromperait fort, si l'on voulait soumettre à cette loi tous les phénomènes de ce genre, et y ramener aussi ceux où l'homme ne joue évidemment qu'un rôle passif dans réflexion et cette ventriloquie. Si, par exemple, Kieser considère comme entièrement subjectives ces mêmes manifestations qui se produisent chez l'homme à son insu, c'est-à-dire contre sa subjectivité, s'il ne veut reconnaître qu'une infection subjective dans des cas où plusieurs ont la même vision, on ne voit pas ce qu'il considère finalement comme subjectif, et, par conséquent, partout où un fait distant dans l'espace et dans le temps est perçu par un somnambule, cela n'est pas une opération purement subjective. Cependant la réalité nous enseigne que « le sujet qui agit

si elles ne se rencontraient pas dans notre vie sous leur « forme incertaine », et ne pouvaient faire ouvrir les yeux à la multitude, par laquelle ces forces psychiques agissent comme par le moyen d'instruments aveugles, mais seulement au petit nombre de ceux qui réussiraient par l'emploi de ces forces. D'où il s'ensuit que l'observation et l'expérimentation peuvent seules

---

ici plastiquement », se tenant au-dessus du sujet proprement dit (le somnambule) et de l'objet donnant la forme à l'un et à l'autre, *se les subordonne tous les deux*. Par conséquent, il se manifeste ici un agent d'un ordre supérieur qui, pour cela, doit s'appeler, au sens strict, tout aussi bien *non-subjectif* que *non-objectif*. Je veux du reste encore citer en passant cette objection connue contre la réalité des manifestations des esprits (démons), qui repose sur leur disparition, par le moyen de drogues, par exemple, etc, qui prouve, ainsi qu'on le croit, l'irréfutabilité du fondement matériel des phénomènes de ce genre. Mais, en fait, il est facile de réfuter cette objection, car si, comme je l'ai indiqué dans mes thèses sur la formation de la vie, la structure du corps sert précisément à l'enchaînement de ces sombres puissances, on doit pas s'étonner de voir ces manifestations coïncider avec la perturbation du processus vital corporel, et disparaître en même temps que la cessation de ce trouble.

décider de ces choses, contre la possibilité desquelles toute la science moderne avec ses appareils ne prouve absolument rien.

Sans parler ici du pouvoir ou du talent spécial que Pasqualis déploya dans de telles sensibilisations de l'esprit, je veux seulement observer qu'on a tort de lui faire un reproche de prescrire pour ceci un régime des sens particulièrement sévère, minutieux ou, comme on dit, imbu de l'ancien Testament, parce qu'il a simplement pour but la pureté, c'est-à-dire la force des sens, qui leur permet, en premier lieu, de supporter la conduite des puissances supérieures sans courir le danger de tomber foudroyés comme de trop faibles paratonnerres, ensuite d'opposer de solides barrières aux puissances mauvaises inévitablement mises en branle (16).

---

(16) Le rôle de notre corps terrestre consiste précisément à remplir cette double fonction, et c'est là-dessus que repose le devoir de sa conservation. Nos moralistes ordinaires ne voient pas bien la nécessité d'un tentateur pour le bien, opposé à un tentateur pour le mal, et, par suite, ne comprennent pas la religion. Saint-Martin dit avec beaucoup de justesse : « Si la matière avait charmé l'homme, et avait sub-

Si donc même tu ne peux inciter la terre au bien (17), ni faire ressurgir par un enchantement la bénédiction absorbée par la malédiction, sans que tu fasses d'abord partir cette malédiction elle-même, — pour l'électricien c'est la polarité produite par la décomposition — elle s'érige aussitôt devant toi en tentatrice, elle s'avance vers toi comme un esprit manifesté pour ta perte, comme le serpent rigide du Prophète, ou se dissimule sous les voluptés de la perdition, comme un serpent ondulant. Cette remarque contient tout ce qu'on peut dire à tort ou à raison, sur le double sens et le danger d'opérations de cette sorte (18). Enfin la loi

---

« jugué les yeux de son esprit, il fallait que le régé-
« nérateur universel charmât la matière, et qu'il en
« démontrât (exorcisme) le néant, en faisant régner
« devant elle le vrai, le pur, l'immuable. »

(17) Bien que le Seigneur ne réside ni dans la tempête, ni dans les tremblements de terre, mais seulement dans les douces et calmes brises, le prophète, à peu d'exception près, ne peut pourtant pénétrer dans le calme du Centre qu'en traversant cette tempête et ces tremblements de terre.

(18) Du reste l'éloignement est réciproque, parce que l'agent supérieur plus puissant, se sensibilisant

physiologique connue de la faculté compréhensive des sens parle déjà en faveur de la nécessité d'un tel régime. Par exemple, celui qui me parle un ton trop haut ou un ton trop bas pour mon ouïe, ne se ferait pas entendre de moi, mais j'ouïrais dès que mon interlocuteur se mettrait au diapason de mon oreille, ou si mon sens auditif s'étendait jusqu'au ton de son langage. De même un corps céleste, passant trop près de notre terre, resterait invisible pour

---

et se faisant comprendre à l'agent inférieur, perd de son intensité dans la mesure où il se sensibilise et se fait comprendre. Par conséquent, en s'extériorisant, il s'éloigne de lui-même. Si cette descente est entièrement due à l'agent supérieur, la manifestation ou révélation se communique à l'agent inférieur sans sa collaboration ni sa coopération. Mais cette manifestation n'est qu'un moyen de parvenir à une deuxième manifestation plus haute et plus intime qui, partiellement, est aussi l'acte de l'être inférieur lui-même, acte dans lequel celui-ci, par gradation de sa communication, s'élance au-devant de la descente de l'agent supérieur. D'après le principe énoncé ci-dessus, on pourrait également considérer les agents, qui nous sont actuellement encore invisibles, comme des *vases transparents*, canaux et moteurs de tout ce qui est maintenant *visible*.

nous jusqu'à ce que son éloignement le fasse tomber dans l'orbite de notre vue, à cause de sa vitesse relativement moins grande ; et, si paradoxal qu'il nous semble d'affirmer que des objets disparaissent de notre vue parce qu'ils s'approchent réellement, et paraissent absents alors qu'ils sont véritablement présents, et que ce n'est que leur éloignement apparent qui les rend de nouveau visibles, cela n'en est pas moins exact. Enfin, par cette manière de voir, on peut expliquer ce miracle de la diminution des miracles à notre époque (19), si l'on songe qu'avec le progrès des âges, l'action de l'esprit avance dans la même proportion, devient par conséquent plus forte et plus intense, si on la

---

(19) Il n'y a effectivement rien de plus bizarre que cette idée plate que nos soi-disants rationalistes, titre peu modeste dont il est facile de s'affubler, se sont faite du miracle. Ils déclarent que le miracle n'existe pas, parce qu'en tant qu'idée se contredisant elle-même, il est opposé à la loi de l'expérience, c'est-à-dire à l'expérimentation, et parce qu'il **trouble leur** jugeotte et aussi l'ordre et l'unité de leur expérimentation. Mais ce trouble serait absolument salutaire à l'homme, si celui-ci s'est fait une idée fausse d'une unité d'expérimentation abstraite et arbitraire.

considère comme une voix qui vient à nous, qui prend un ton de plus en plus haut et subtil et qui, dans la même proportion, devient de moins en moins perceptible et plus lointaine, tandis que l'oreille qui entend tout perd de sa force, et que l'action de l'esprit nous pénètre plus profondément et s'introduit en nous plus entièrement, dans le plus véritable sens. Aussi on dit que nous, qui vivons encore de la vie terrestre, pouvons nous mettre en rapport sensible avec les morts peu de temps après leur mort ; mais ce rapport se perd dès que ceux-ci se sont élevés dans des régions supérieures, ou qu'ils sont tombés plus bas ; d'où il ne s'ensuit pourtant pas que nous nous trouvions pour cela plus éloignés d'eux intérieurement. Car, de même qu'il y a une perhabitation sans inhabitation ou cohabitation, de même, dans ses premiers moments, cette inhabitation même se manifeste sans perhabitation ou cohabitation, là où seulement tombe tout rapport sensible et par conséquent aussi la vue dans chaque région, et ce n'est que par l'inhabitation parfaite que la cohabitation sort de cette résignation de la vue, c'est-à-dire de la foi.

NOUVELLE NOTICE HISTORIQUE

SUR

LE MARTINÉSISME ET LE MARTINISME

Quelques personnes ont pris ombrage de notre *Notice historique* publiée en introduction au *Traité de la Réintégration des Êtres* (1) *de Martinès de Pasqually*. Et cependant, dans cette notice écrite avec tous les ménagements possibles, et qui ne péche, croyons-nous, que par sa grande brièveté, nous n'avions rien avancé que nous n'eussions soigneusement contrôlé sur des documents originaux, peu soucieux que nous sommes de rééditer les lieux communs qui s'impriment depuis cent ans dans les ouvrages maçonniques ou autres.

---

(1) Voy. le volume n° 5, Première série de la Bibliothèque Rosicrucienne.

C'est avec ces mêmes lieux communs que certains critiques ont attaqué ce que nous avancions si succintement; et, ce qui est plus étrange, on n'a pas hésité à appuyer de textes ambigus et de fallacieuses affirmations une attaque qui ne saurait tromper personne, mais qui montre, du moins, bien curieusement, jusqu'où peut conduire l'esprit dit de chapelle. On a cherché à nous peindre *Martinès de Pasqually* comme un irrégulier qui aurait affecté de mépriser les principes essentiels de la Franc-Maçonnerie, pour leur substituer des illuminations personnelles. On nous l'a montré comme le fondateur d'un Ordre dont la principale fonction aurait été de pallier les sanglants projets de la Franc-Maçonnerie française et en particulier ceux des francs-maçons templiers grands meneurs de cette Franc-Maçonnerie, et à ce propos on n'a pas manqué de rééditer, dans un but que nous laisserons à apprécier à nos lecteurs, toutes les petites calomnies qui, depuis l'apparition du livre du R. P. Lefranc (1) et à travers les identiques publications de Cadet de Gassicourt (2)

---

(1) R. P. Lefranc. — Le voile levé pour les curieux ou le secret des révolutions révélé à l'aide de la Franc-Maçonnerie, 1791.
— La conjuration contre la religion catholique et les souverains, 1792.

et des bons abbés Barruel et Proyart (3), n'ont cessé de tenter la verve d'imaginatifs plus ou moins bien intentionnés (4) à l'égard de la Franc-Maçonnerie.

Quant à nous, profitant de la publication du présent opuscule de Franz von Baader, touchant les doctrines secrètes de Martinès de Pasqually, nous avons cru devoir fortifier de quelques documents inédits nos précédentes affirmations. Ce sera la meilleure réponse à des critiques aussi inconsidérées qu'inutiles.

---

(2) Cadet de Gassicourt. — Le tombeau de Jacques Molay, 1796.

Disons, d'ailleurs, que Cadet de Gassicourt confessa depuis que, dans le Tombeau de Jacques Molay, il n'avait fait que reproduire, en les amplifiant, les assertions de l'abbé Lefranc. Il sollicita même son initiation dans la Maçonnerie, qui eut lieu en effet, en 1805, dans la loge de l'Abeille à Paris. Il exerça successivement dans cette loge les fonctions d'orateur et de vénérable. En 1809, étant orateur-adjoint de la loge Sainte Joséphine, il alla jusqu'à prononcer l'éloge de ce même Ramsay, dont il avait attaqué les hauts grades avec tant de véhémence et d'indignation.

(3) Abbé Barruel. — Mémoires pour servir à l'histoire du Jacobinisme, 1799.

Abbé Proyart. — Louis XVI détrôné avant d'être roi, 1800.

(4) Voy. : Leo Taxil, Papus, etc.

Nous n'avons pas, quant à présent, l'intention de sortir du cadre de notre première notice ; et, en conséquence, nous nous bornerons à exquisser les faits historiques se rapportant à notre thèse jusqu'à la date 1760, pour reprendre plus en détail, à partir de cette date, tout ce que nous avons exposé dans la préface du *Traité de la Réintégration des Êtres* au sujet de l'œuvre de Martinès de Pasqually et du pseudo-Martinisme de Saint-Martin ou de Willermoz.

Bien que, parmi les nombreux historiens qui ont traité des origines de la Franc-Maçonnerie dans les divers pays, aucun n'ait encore pu déterminer d'une façon précise la date de l'introduction en France de cette société, cependant tous se sont accordés, à déclarer que cette introduction fut, en quelque sorte, une conséquence des événements politiques qui, en 1688, exilèrent définitivement de la Grande-Bretagne l'antique maison des Stuarts, protecteurs de la Franc-Maçonnerie d'Angleterre, d'Écosse et d'Irlande.

A en croire quelques historiens anglais et allemands, entre autres Robison et le conseiller aulique Bode, la Franc-Maçonnerie aurait pénétré en France avec les réfugiés irlandais et écossais de la suite du roi Jacques II (Jacques VII d'Écosse) après la révolution d'Angleterre de 1688. La première loge aurait alors été établie au château de Saint-Germain-en-Laye près de Versailles, résidence de Jacques Stuart ; et de là l'institution maçonnique se serait propagée dans le reste du royaume. C'est ainsi qu'une seconde loge, que rendaient indispensables les fréquentes relations des réfugiés avec leurs partisans d'Angleterre, fut établie peu après à Dunkerque. Enfin en 1725 est fondée à Paris, par lord Derwent-Water, le chevalier Maskeline, le squire Héguerty et quelques autres seigneurs de la suite de Jacques Stuart, la loge dite *à St-Thomas* qui compta bientôt près de six cents membres.

Le 12 juin 1726, lord Derwent-Water, qui avait reçu de la Grande Loge de Londres de pleins pouvoirs pour constituer des loges en France, constitua la loge *à St-Thomas* au nom de la Grande Loge de Londres; les 7 mai et 11 décembre 1729 il fonda et constitua les deux loges *au Louis d'argent* et *Arts Ste Marguerite*, et, le 29 novembre 1732, la loge dite de Bussy qui, après avoir initié le duc d'Aumont, prit le nom de *loge d'Aumont*.

Les maîtres de ces quatre loges et de quelques autres (1) formaient au commencement de 1730 une loge de direction française sous le nom de *Grande Loge provinciale d'Angleterre* dont lord Derwent-Water était président et dont l'orateur était le frère Ramsay, précepteur des fils de Jacques Stuart. Cette *Grande Loge provinciale d'Angleterre* ne fut définitivement

---

(1) **La Parfaite Union, St-Martin, St-Pierre et St-Paul**, etc., etc.

constituée qu'en 1736 (1), par lord Harnouester, lorsque lord Derwent-Water, ayant à se rendre à Londres où il devait dix ans après périr sur l'échafaud, victime de son attachement aux Stuarts, eût transféré les pleins pouvoirs qu'il possédait à son ami lord Harnouester.

Le nouveau Grand-Maître provincial fit décréter en 1736, qu'à l'avenir les loges qui voudraient se constituer en France eussent à s'adresser directement à la *Grande Loge provinciale d'Angleterre* et non à la Grande Loge de Londres. C'était un premier pas vers la scission administrative qui devait s'accomplir en 1756 entre les maçonneries symboliques françaises et anglaises.

En 1737, lord Harnouester eut à retourner en Angleterre (2). Avant son départ, il demanda à être remplacé et manifesta le désir de l'être par un français. Le duc d'Antin lui succéda au mois de juin 1738.

Après la mort du duc d'Antin, arrivée en 1743, la *Grande Loge provinciale d'Angleterre* nomma à sa place le duc de Bourbon, comte de Clermont, et s'intitula

---

(1) Cette constitution avait été demandée à la Grande Loge de Londres, le 24 juin 1735.

(2) De même que lord Derwent-Water, lord Harnouester devait périr décapité pour son dévouement à la cause du prétendant Stuart.

Grande Loge anglaise de France, reconnaissant toujours la suprématie de la Grande Loge de Londres et ne dispensant toujours que les trois degrés symboliques de cette dernière ; mais déjà la *Grande Loge anglaise de France*, dont l'administration était troublée par l'octroi continuel de constitutions que faisait la Grande Loge de Londres sur le territoire français au détriment du pouvoir maçonnique national, songeait à se séparer de la Grande Loge de Londres. Elle s'en sépara définitivement en 1756 et prit le titre de *Grande Loge nationale de France*.

L'histoire de la *Grande Loge nationale de France* ne présentant aucun événement saillant jusqu'en l'année 1760, nous arrêterons là cette esquisse de l'évolution de la Maçonnerie symbolique en France, pour revenir en arrière et résumer, de la même façon, l'histoire de la Maçonnerie supérieure ou Maçonnerie des hauts grades.

On a beaucoup écrit pour ou contre ces hauts grades dits irlandais, écossais, templiers, de perfection, etc., dont la plupart des auteurs ont attribué l'invention au baron écossais André de Ramsay orateur de la *Grande Loge provinciale*, sans nous donner d'autres preuves de cette assertion qu'un prétendu séjour à Londres (1) et qu'un discours de réception

---

(1) On a prétendu, en effet, qu'il se rendit à Londres

prononcé par Ramsay entre 1736 et 1738 (1), discours dans lequel il est question de chevaliers maçons.

Nous n'avons pas l'intention de critiquer ici les assertions de Ramsay parlant pour la première fois, en loge de maître, des grades écossais et de la loge de Kilwining fondée au xiiie siècle en Ecosse, et dont lord Jacques Steward d'Écosse, ancêtre du prétendant, aurait été grand-maître en 1386 ; mais nous sommes désireux de détruire la légende qui fait de Ramsay un successeur des Templiers et l'organisateur d'une prétendue vengeance d'un ordre depuis longtemps tombé dans l'oubli.

Les Templiers au sujet desquels Ramsay s'exprime souvent d'une manière désavantageuse dans sa *Relation apologique* ne sont point mentionnés dans son *Discours de réception*. Il y indique comme des qualités

---

en 1728 dans le but de fonder un nouveau système maçonnique ; mais Kloss établit le contraire.

(1) Nous ne savons pourquoi Findel donne à ce discours la date de 1740 puisqu'il a été imprimé pour la première fois à La Haye en 1738. On lui donne généralement la date de 1736 ; mais Jouaust prétend qu'il fut prononcé en 1738 parce que l'orateur y parle de la « naissance distinguée » du Grand-Maître et que ces termes ne sauraient s'appliquer qu'au duc d'Antin élu le 24 janvier 1738. Cet argument ne nous paraît pas décisif.

indispensables pour être admis dans l'Ordre « une philanthropie raisonnée, une grande pureté de mœurs, une discrétion inviolable et le goût des beaux-arts. » Plus loin il dit encore qu' « il faut ranimer et répandre les anciens principes, qui, puisés dans la nature même de l'homme, ont servi à fonder notre société. » Enfin il parle des croisades, des chevaliers croisés, de la tentative de Godefroy de Bouillon pour établir un royaume de Jérusalem, de l'alliance des constructeurs avec les chevaliers de St-Jean-de-Jérusalem pour le relèvement des murailles de la ville, l'érection et la sauvegarde d'un nouveau temple, en laissant entendre que les loges sont vouées à St-Jean par une suite naturelle de cette alliance (1) : « Cette union, dit-il, se fit en imitation des Israélites lorsqu'ils rebâtirent le second temple ; pendant qu'ils maniaient d'une main la truelle et le mortier, ils portaient de l'autre l'épée et le bouclier. »

Des Templiers il n'est aucunement question. Encore

---

(1) Il faut évidemment voir dans tout ceci une allusion aux doctrines mystiques de la Nouvelle Jérusalem prédite dans St-Jean. Le mirage d'une réalisation matérielle de ces doctrines avait autrefois séduit le roi de Jérusalem et ses croisés. Il est curieux de voir le parti sioniste poursuivre, encore aujourd'hui, malgré l'opposition de la plupart des rabbins, un rétablissement de l'ancien royaume de Jérusalem.

moins est-il question d'une vengeance devant s'exercer sur les succeseurs de Philippe-le-Bel et de Clément V. D'ailleurs on conçoit difficilement cet ardent Stuartiste, ami de Fénelon et précepteur des enfants de Jacques Stuart réfugié à Rome en 1749, tramant au sein de la Franc-Maçonnerie la perte des rois et de la papauté (1).

Ce qui est certain, c'est que les hauts grades ne

---

(1) Un auteur qui n'a pour excuse que sa profonde ignorance des choses de la Franc-Maçonnerie, M. le Dr Gérard Encausse, s'est permis d'écrire, sous le pseudonyme de Papus, les lignes suivantes : « Un des représentants les plus actifs de l'initiation templière avait été Fénelon. Lorsque après sa lutte avec Bossuet, Fénelon fut forcé de fuir le monde et de s'exiler dans une pénible inactivité, il combina avec soin un plan d'action qui devait tôt ou tard assurer *la revanche*. Le chevalier de Ramsay fut soigneusement initié par Fénelon et chargé d'exécuter ce plan avec l'appui des Templiers qui assureraient en même temps leur *vengeance*. Le chevalier de Bonneville venait en 1754 d'établir le chapitre de Clermont au moyen de ces grades templiers et poursuivait un but politique et une *révolution sanglante*, que Martinès ne pouvait approuver, pas plus qu'aucun vrai chevalier du Christ, etc., etc. » M. Papus est bien dans la tradition des bons abbés Lefranc, Barruel et Proyart, par ses affirmations aussi incohérentes qu'elles sont malveillantes pour la Franc-Maçonnerie en général, et en particulier pour l'admirable figure d'un Fénelon.

furent pas inventés par Ramsay. Quand au Kadosch appelé Killer, assassin, dans de très anciens manuscrits de Maçonnerie anglaise, et que tant d'auteurs ont pris pour thème de leurs variations anti-maçonniques, tout en étant bien antérieur à Ramsay, il a un sens très différent de celui qu'on lui donne. Que si l'on nous oppose le Kadosch de la Stricte-Observance templière, Kadosch qui portait l'ancien costume des Templiers, siégeait botté, cuirassé et casqué et dont le programme était au moins la récupération des biens de l'ordre des Templiers injustement condamnés et dépossédés, nous ferons observer que le chevalier du Temple attribué à Ramsay n'a aucun rapport avec ce Kadosch de la Stricte-Observance templière, dont nous aurons d'ailleurs à parler longuement dans le cours de cette Notice.

Toujours est-il que le discours de Ramsay signala l'apparition des hauts grades en France, puisque peu de temps après on vit se fonder des Chapitres, Conseils et Tribunaux chargés de la direction de ces hauts grades sous la haute protection de Jacques Édouard Stuart (1), dit le Chevalier de St-Georges et,

---

(1) Un grand nombre d'auteurs ont confondu Jacques VII d'Écosse, mort à Saint-Germain-en-Laye en 1701, avec Jacques Édouard Stuart, mort à Rome en 1766, et Charles-Edouard Stuart, mort en 1788 en Italie.

plus tard, de Charles-Édouard Stuart, dit le comte d'Albany. Ce fut d'abord le Chapitre d'Arras, constitué par lord de Deberkley, en 1745, sous le nom d'*Écosse jacobite;* puis, en 1747, la constitution à Toulouse des *Fidèles Écossais* par sir Samuel Lockart ; la mère-loge de *St-Jean d'Écosse* de Marseille en 1751 ; les *Juges Écossais* établis par Martinès de Pasqually (1) à Montpellier, en 1754; et enfin, la même année, la fondation, à Paris, par le chevalier de Bonneville, du *Chapitre de Clermont.* Ce Chapitre, dont les membres étaient pour la plupart des partisans du prétendant Stuart, comprenait les personnages les plus distingués de la cour et de la ville, et pratiquait, entre autres grades, ce Chevalier du Temple, attribué à Ramsay, dont nous avons parlé plus haut (2).

---

(1) Disons en passant pour M. Papus qui l'ignore, bien qu'il ait eu la prétention d'écrire une vie de *Martinès de Pasqually*, que ce dernier était natif de la paroisse Notre-Dame (Saint-Hugues), de la ville et diocèse de Grenoble.

(2) Jouaust a écrit fort judicieusement au sujet des accusations formulées contre ce chapitre : « Le nom de Chapitre de Clermont, rapproché de celui de Collège de Clermont, fondé par les jésuites (depuis Collège Louis-le-Grand), a fait supposer à ceux qui voient partout des jésuites, que ceux-ci avaient mis la main sur la Maçonnerie, et qu'ils en gouvernaient une partie par les Rose-Croix. Ce rapprochement de nom est tout fortuit. Bien

On a souvent accusé le Chapitre de Clermont d'avoir fondé l'*Ordre de la Stricte-Observance templière;* mais rien n'est moins démontré qu'une telle fondation, que refusera toujours d'admettre celui qui a quelque connaissance des rituels de ce Chapitre. On ne sait pas encore exactement où le baron de Hund prit la première idée d'une continuation de l'ancien ordre des Templiers. Lui-même, loin de s'expliquer clairement là-dessus, n'a jamais raconté que des histoires fort embrouillées et dépourvues de toute vraisemblance, sur lesquelles nous aurons à revenir à propos de la chute de la Stricte-Observance.

Ce qui est aujourd'hui établi, c'est que le baron de Hund fut reçu maçon le 20 mars 1742 à Francfort-sur-le-Mein; qu'il vint ensuite à Paris où, en 1743, il reçut en présence de lord Kilmarnock le grade de Chevalier du Temple; que quelques mois après il retourna en Allemagne où, sur les données incomplètes d'une initiation hâtive, il conçut le rite templier qui, sous le nom de Stricte-Observance, devait se répandre en Allemagne, en France, en Suisse, en Italie et en Russie.

---

que le comte de Clermont ne fût nommé que par la Grande Loge, composée des maîtres de loge de Paris, c'est comme témoignage de respect, en même temps que comme titre honorifique, que le chevalier de Bonneville appela son atelier supérieur, Chapitre de Clermont. »

Pour terminer, disons qu'en 1758 fut constitué le Chapitre dit *Empereurs d'Orient et d'Occident*, dont Louis de Bourbon, comte de Clermont, reçut la grand-maîtrise, et dont les membres prenaient les titres de souverains princes maçons, substituts généraux de l'Art Royal, grands surveillants de la souveraine Loge de St-Jean-de-Jérusalem. Le frère Lacorne, substitut particulier du comte de Clermont et prince maçon, était membre de ce Chapitre; ce qui nous amène à défendre ce frère Lacorne dont on a dit si injustement tant de mal.

On n'a pas épargné les sarcasmes à ce *maître à danser père du Grand Orient de France*, sans réfléchir qu'en Maçonnerie un *maître à danser* est sur le même niveau qu'un *premier baron chrétien*. Sur les documents de l'époque nous voyons figurer les noms les plus honorables près de celui du frère Lacorne; ce sont ceux de Chaillon de Jonville, substitut général de l'ordre, du prince de Rohan, de Brest de Lachaussée et du comte de Choiseul; et, si nous nous en rapportons aux écrits mêmes de ses adversaires, nous voyons que c'était un homme d'un caractère aimable qui eut l'avantage d'aider le comte de Clermont dans quelques travaux de réception. Le *mémoire justificatif*, bien que très hostile à Lacorne, n'insinue même pas que ce fut un malhonnête homme et nous ne savons sur quelles preuves on lui a depuis donné l'épithète infamante de pourvoyeur des amours clandestines du comte de Clermont. Il est probable qu'à ce sujet, comme à d'autres, les auteurs ont plus sacrifié à l'esprit de parti qu'à celui de vérité, puisque Rebold lui-même a écrit que le comte de Clermont révoqua Lacorne et nomma à sa place le frère Chaillon de Jonville (Rebold écrit Chaillou de Joinville) pour son substitut général, alors qu'il est avéré que Lacorne ne fut jamais substitut général et que Chaillon de Jonville ne fut jamais substitut particulier.

La véritable cause des désordres qui se produisirent vers 1760 consistait en ce que la plupart des membres de la *Grande Loge de France*, s'appuyant sur le décret promulgué par lord Harnouester en 1736, refusaient de reconnaître les constitutions de maîtres de loge qui n'avaient pas été délivrées par la *Grande Loge de France*; alors que quelques autres membres, dont Lacorne, soutenant la suprématie des chapitres, n'avaient pas hésité à profiter de l'inaction du parti adverse pour placer parmi les officiers de cette Grande Loge des maîtres dont les constitutions ne relevaient que des chapitres.

Il suffit de lire les procès-verbaux de l'époque pour voir qu'il ne fut jamais question « d'hommes assez mal famés » que Lacorne serait allé recruter dans les cabarets. Les partisans de Lacorne étaient au contraire de « forts honnêtes hommes » dont les pièces officielles constatent l'honnêteté civique et maçonnique (1). Il n'y eut dans tous ces désordres, que la plupart des historiens semblent avoir pris plaisir à amplifier, qu'une confusion de pouvoirs très regrettable. C'est cette confusion que d'éminents maçons devaient s'efforcer vainement de faire cesser, lors de la fondation du *Grand Orient de France*. Nous aurons à revenir là-dessus. Pour l'instant qu'il nous suffise de constater que toutes ces histoires de troubles ont été évidemment exagérées. La Franc-Maçonnerie était alors en pleine prospérité en France où l'on comptait déjà plus de cent soixante-dix loges, chapitres et tribunaux, dont une cinquantaine à Paris; et les avantages que présentait cette société étaient tels, que certains escrocs commençaient à chercher dans les ateliers inférieurs un terrain trop souvent propice à leurs exploits.

Aussi lorsqu'en 1760 *Martinès de Pasqually* se présenta aux *Loges-de-St-Jean-Réunies* de Toulouse, sans autres références qu'une charte hiéroglyphique et

---

(1) Voy. Brest de Lachaussée. Mémoire justificatif; ainsi que le registre original des travaux de la Grande Loge de France.

Il est très regrettable qu'en parlant des « mœurs déplorables de Lacorne et des individus de son espèce », M. Papus se soit contenté de copier Clavel ou Rebold, sans chercher à s'éclairer davantage.

quelques lettres (1), son titre d'*Écuyer* (2) et ses fonctions d'*Inspecteur général* (3) de la *Loge des Stuwards*

---

(1) A ce sujet, nous croyons devoir dire que lorsque M. Papus affirme que Martinès de Pasqually a reçu l'initiation de Swedenborg au cours d'un voyage à Londres, et que le système propagé par lui sous le nom de rite *Élus-Coëns* n'est qu'un *Swedenborgisme adapté*, cet auteur s'abuse ou cherche à abuser ses lecteurs dans l'intérêt d'une thèse très personnelle. Pour se livrer à de semblables affirmations il ne suffit pas, en effet, d'avoir lu dans Ragon qui, lui-même l'avait lu dans Reghelini, que Martinès a emprunté le rite des *Élus-Coëns* au suédois Swedenborg. M. Papus aurait pu s'abstenir de reproduire, en l'amplifiant, une appréciation qui ne repose sur rien de sérieux. Il aurait pu rechercher les sources de son document et s'assurer qu'il n'y a que fort peu de rapports entre la doctrine et le rite de Svedenborg, et la doctrine et le rite des Élus-Coëns. Plusieurs auteurs se sont demandé et nous nous demandons nous-mêmes où Reghelini a pris ce qu'il écrit, page 434 de son 2º volume. Nous supposons qu'il a confondu, sous le nom d'*Illuminés d'Avignon*, la *mère loge du rite de Swedenborg* d'Avignon et les *Élus-Coëns* séant dans la même ville. Quant au prétendu voyage à Londres, il n'a eu lieu que dans l'imagination de M. Papus.

(2) Le grade d'*Écuyer*, un de ceux attribués à Ramsay, était immédiatement suivi de celui de Chevalier du temple, dit aussi Chevalier lévite de l'intérieur ou Chevalier de la tour.

(3) Comme l'a si bien fait remarquer Jouaust, les titres d'*Inspecteur général*, de *Souverain inspecteur* et de

excitèrent quelque soupçon. Une si haute fonction dans l'Art Royal et les marques d'estime et de reconnaissance que le prétendant Stuart semblait témoigner à Martinès parurent probablement peu en rapport avec la simplicité d'aspect de ce dernier. D'ailleurs depuis 1747, époque à laquelle les *Fidèles Écossais* de Toulouse avaient reçu leur constitution de sir Samuel Lockart, lieutenant de Charles Stuart, ces loges avaient eu à souffrir des manœuvres de plusieurs aventuriers qui, successivement, s'étaient présentés comme envoyés du grand chapitre de Clermont, chargés de compléter l'instruction des frères de Toulouse, alors qu'ils ne visaient qu'à un trafic lucratif de chartes et de titres falsifiés.

Martinès fut donc accueilli avec une méfiance bien justifiée par les tromperies dont presque toutes les loges avaient déjà été plus ou moins victimes. Mais si, dans le but évident de prouver sa bonne foi, il crut devoir négliger les formes ordinaires pour exposer ouvertement sa mission et ses moyens devant un atelier symbolique, les résultats vinrent malheureusement prouver qu'il commit en cette cir-

---

Grand souverain, après avoir été *fonctions* à l'origine, sont devenus *grades* par une suite naturelle et presque forcée des prérogatives qui y étaient attachées, et de la délégation que l'on en pouvait faire. Mais en 1760 ce n'étaient encore que des fonctions.

constance une faute irréparable. C'est que, comme nous l'avons déja écrit ailleurs, Martinès méconnut trop souvent le rôle des loges symboliques dites loges bleues. Il le regretta plus tard et, convaincu des grands embarras que son caractère ouvert joint à ce qu'il appelait sa « trop grande facilité » avaient suscités à son œuvre, il résolut alors de s'en remettre à son *Tribunal Souverain* de Paris pour les demandes d'admission ou de constitution qui lui étaient adressées. Donc, Martinès n'eut pas la prudence d'attendre l'occasion de réaliser ses pouvoirs, et, sans étudier préalablement l'organisation d'un chapître, il s'ouvrit directement en loge bleue de ses divers projets. Il en résulta ce qui résultera toujours de semblables propositions. Les frères devant qui Martinès résuma, un peu à la manière de Ramsay, une sorte de plan-parfait de la Franc-Maçonnerie, dans lequel il parlait successivement de la mystérieuse construction de l'ancien et du nouveau temple, des Chevaliers lévites, des Cohenim-Leviym et des Élus-Coëns, ces frères, disons-nous, écoutèrent avec déférence les explications théoriques du Grand Inspecteur; mais lorsqu'il fut question de certaines démonstrations moins théoriques, tous désirèrent vivement recevoir ces nouvelles instructions. Martinès, de son côté, trop avancé pour reculer, était aussi trop désireux de prouver sa bonne foi pour ne pas se rendre aux sollicitations de l'assemblée; mais, ne pouvant contenter tous les assistants, il proposa d'exécuter quelques travaux avec le concours de trois maîtres que le sort désignerait.

Le résultat de tout ceci fut déplorable. Martinès en deux épreuves fut couvert de confusion, et les trois maîtres devant qui il avait opéré déposèrent en loge un rapport tel, que, sur la proposition du frère Raymond, et, malgré les hésitations de quelques membres, l'expulsion immédiate de Martinès fut décidée.

Martinès quitta précipitamment Toulouse, en laissant d'ailleurs quelques dettes qui achevèrent de le perdre dans l'esprit des francs-maçons de cette ville.

Cette aventure un peu ridicule ne découragea pas Martinès, mais elle eut pour heureux résultat de lui faire apporter plus de prudence dans ses relations avec les loges relevant de son obédience. D'ailleurs il n'eut pas toujours semblable déconvenue. La loge de *Josué*, à l'orient de Foix, le reçut avec honneur et, après la fondation de son temple, prit le titre de *Temple des Élus-Écossais* (1).

Ce fut par les membres de ce temple que Martinès commença à se faire connaître aux maçons de Bor-

---

(1) Archives de la collection de feu M. Astier, vénérable de la loge *Rose du parfait silence*, président du Chapitre des *Amis de la Sagesse* et membre du *Suprême Conseil* du Rite Écossais.

deaux, ville dans laquelle il avait projeté d'établir le centre de ses opérations. Bordeaux était déjà en 1761 un centre très actif de Franc-Maçonnerie; on y comptait trois ou quatre loges dont deux particulièrement importantes, *l'Anglaise* et *la Française*. *L'Anglaise*, qui était la plus ancienne, était en discussions continuelles avec la *Grande Loge de France*, dont elle s'arrogeait les droits en dépit de la décision prise par lord Harnouester. C'est ainsi qu'elle créa un grand nombre de loges bâtardes, tant à Bordeaux que dans les pays environnants, qui ne furent définitivement réintégrées que vers 1775. Aussi, ce ne fut pas à elle que Martinès s'affilia, mais à la *Française*. Cette dernière loge, placée sous l'administration de la *Grande Loge de France*, se recommandait particulièrement par le choix de ses membres, dont plusieurs étaient des personnages éminents du Parlement de Bordeaux.

Martinès présenta donc, sous les auspices du comte Maillal d'Abzac, du marquis de Lescourt et de deux commissaires de la marine, la demande d'affiliation suivante :

« Le soussigné,

« Supplie très humblement la très respecta-
« ble Loge de vouloir bien lui faire l'honneur
« de l'affilier, et il fera en reconnaissance des
« vœux au Grand Architecte de l'Univers pour

« la prospérité des maçons répandus sur la
« surface de la terre et de cette respectable
« Loge. »

Signé : MARTINÈS, Écuyer.

Sa demande fut acceptée, et Martinès s'efforça dès lors de sélecter selon les formes ordinaires les membres de ses divers degrés d'instruction.

Tout allait pour le mieux et Martinès avait déjà instruit un certain nombre de frères, entre autres les deux frères d'Aubenton, Morin, de Case, Bobie, Lexcombart, de Jull Tafar, de Lescourt et d'Abzac (1), lorsque le 26 août 1762, la *Française* reçut une lettre des *Loges-de-St-Jean-Réunies*. Par cette lettre, les francs-maçons de Toulouse informaient la *Française* des infructueux essais de Martinès dans leur ville, et lui conseillaient de ne rien entreprendre et de n'édifier aucun temple sans un minutieux contrôle des titres de ce frère. Ils laissaient entendre que les titres du grand Inspecteur devaient être de son invention, parce que lui-même n'était qu'un simple ouvrier en voitures et que, si sa condition rendait déjà suspecte la possession de semblables titres, son échec démontrait d'ailleurs clairement que lui, Mar-

---

(1) La plupart de ces frères devaient faire partie en 1768, du Tribunal Souverain de Paris, sur le tableau duquel ils figurent déjà en 1767 à titre consultatif.

tinès, n'avait aucun des pouvoirs attachés à ces titres ; parce qu'enfin la loge avait eu connaissance de plusieurs créances oubliées par Martinès lors de son départ de Toulouse, et que cela suffisait pour le signaler à l'attention de tous les membres de la confrérie.

La *Française* répondit immédiatement que les titres du P. M. Martinès étaient parfaitement réguliers ; que, outre les témoignages de plusieurs frères de l'orient d'Avignon, le T. Ill. frère Roubaux avait envoyé une attestation détaillée à ce sujet ; qu'en ce qui concernait les pouvoirs du P. M. Martinès, la bonne foi de ce frère ne pouvait être suspectée, vu qu'il avait donné de ces pouvoirs des marques évidentes ; qu'enfin, la *Française* elle-même avait acquitté depuis plus de six mois la dernière des créances dont il était question, ainsi qu'il était facile de s'en assurer, et que le retard apporté dans le règlement de ces dettes n'était pas imputable à une mauvaise volonté, mais au mauvais état des affaires temporelles du frère Martinès.

Bien que cette lettre eût détruit les inquiétudes des francs-maçons de Toulouse, avec lesquels, d'ailleurs, la *Française* resta en excellents termes, l'affaire ne laissa pas d'avoir de fâcheuses suites dans Bordeaux même. Le peu qui s'en ébruita au travers des mystères dont s'entourent les loges permit à quelques mécontents de se livrer à des suppositions désobligeantes pour la *Française*. Cependant cette loge ne fut pas inquiétée. Elle continua ses travaux jusqu'à la fin de 1764, époque à laquelle, son temple étant parachevé, elle prit le nom de *Française-élue-Écossaise*, nom sous lequel elle fut inscrite sur les tableaux de la *Grande Loge de France*, le 1er février 1765.

C'est à partir de cette année que de mauvais compagnons, que Martinès avait cru devoir expulser du temple des francs-élus-écossais, furieux de ne pas avoir été initiés dans les mystères que leur avait dévoilés la malencontreuse lettre des francs-maçons de Toulouse, s'efforcèrent de ruiner complètement le temple de la *Française-élue-Écossaise*. A cet effet, ils intriguèrent auprès des loges bâtardes de Bordeaux, où ils s'étaient fait affilier en dépit de tous les règlements maçonniques, et réussirent à produire contre Martinès une bulle dans laquelle ils s'appuyaient sur les anciennes plaintes des *Loges-St-Jean-Réunies* et sur les prétendues injustices dont ils avaient été eux-mêmes victimes pour demander à la *Grande Loge de France* la fermeture de la *Française-élue-Écossaise*. Ils s'abusaient étrangement, car bien que la *Française-élue-Écossaise* travaillât en sa qualité d'atelier symbolique sous l'obédience de la *Grande Loge de France*, il était évident que cette Grande Loge n'accueillerait pas les plaintes de gens qui ne relevaient plus de son autorité. Leur pétition resta donc sans résultat. Cependant, l'année suivante, ils crurent avoir gain de cause : La *Grande Loge de France* désirait, en effet, depuis longtemps faire reviser les constitutions d'un grand nombre de loges dont les patentes, à la suite de la confusion des pouvoirs, avaient été délivrées par des chapîtres ou des conseils. Le 15 août 1766, elle rendit donc un arrêt par lequel toutes les constitutions étaient suspendues avec défense d'en demander de nouvelles ailleurs qu'à la Grande Loge (1). Le temple de la *Française-élue-Écossaise* fut donc fermé ; Martinès se rendit à Paris muni de ses divers titres, et ses ennemis exultèrent d'une suspension qu'ils croyaient

---

(1) Voy. : *Mémoire justificatif*, du frère de Lachaussée, garde des sceaux et archives de la Grande Loge. — Contrairement à tout ce que l'on a pu écrire à ce sujet, le *Conseil des Chevaliers d'Orient* ou *Grands élus de Zorobabel*, loin de chercher à dominer les loges symboliques, prit la même année un arrêté pour venir en aide à la Grande Loge et demanda qu'aucune puissance maçonnique n'ait le droit de constituer des ateliers symboliques ni de les gouverner. Quant au *Souverain Conseil*, il fit lui aussi le 2 octobre 1766 par l'intermédiaire du frère Gaillard, son orateur et membre de la Grande Loge, la proposition de créer trois chambres, l'une pour administrer la symbolique, l'autre pour administrer les grades jusque et y compris l'Écossisme, la troisième pour tous les grades supérieurs à l'Écossisme.

devoir être définitive. Ils ne se réjouirent pas très longtemps.

Martinès ne resta que quelques mois à Paris pour ses différentes constitutions et aussi pour une affaire de mécanique qui ne voulait pas aboutir ; mais il profita de ce court séjour pour recruter les éléments de son *Tribunal Souverain* et pour se créer de nombreuses relations dans les loges de province, grâce aux députés que ces loges avaient envoyés à Paris à la suite du décret du 14 août.

La Franc-Maçonnerie était en pleine effervescence ; car les frères du parti Lacorne, qui étaient membres de chapitres, avaient violemment protesté contre le décret de la *Grande Loge de France*. Évincés aux élections de 1765, ils avaient publié un libelle contre les nouvelles élections et, sommés de se rétracter, les plus obstinés s'étaient vus bannir de la *Grande Loge* par les quatre décrets de 1765-1766, sans cesser cependant de faire usage de leurs constitutions (1).

---

(1) Tous ces frères furent d'ailleurs réintégrés dans la suite. On ne saurait trop réfuter l'opinion qui veut que la Grande Loge ait constamment fait une guerre à outrance aux chapitres et à leurs hauts grades. Les procès-verbaux de la Grande Loge de 1765 à 1771, conservés aux Archives du Grand Orient prouvent simplement que la Grande Loge ne voulait pas s'immiscer dans l'administration des Hauts-Grades, ni permettre aux Conseils

C'est à la suite de ces faits, d'où résultaient pour la *Grande Loge de France* les plus grandes difficultés administratives, que cette Grande Loge avait rendu le décret du 14 août 1766 et invité les loges à faire viser leurs constitutions.

Ces constitutions furent rapidement visées par les frères Chaillon de Jonville et De Lachaussée qui délivrèrent aussi les diplômes et les lettres de constitution et réglèrent tous les comptes que les envoyés des loges leur présentèrent.

Cependant Martinès s'était mis en rapport avec plusieurs éminents maçons : les frères Bacon de la Chevalerie (1), Willermoz, Fauger d'Igneaucourt, de Lusignan, de Loos, de Grainville, Rozé et quelques autres, auxquels il donna ses premières instructions et à l'aide desquels, à l'équinoxe de mars 1867, il posa les bases de son *Tribunal Souverain* de

---

d'envahir la Maçonnerie symbolique. Voilà les seules difficultés qui existaient entre ces deux corps constituants. D'ailleurs le *Mémoire justificatif* déclare formellement qu'une grande partie des membres de la Grande Loge étaient en même temps membres du Souverain conseil, du Conseil des chevaliers d'Orient, etc.

(1) Bacon de la Chevalerie, dont nous aurons à reparler souvent dans la suite, était Maître de la loge militaire de *Saint-Jean* de Lyon. Il fut plus tard grand orateur du *Grand Orient de France*.

Paris (1). Il nomma substitut le frère Bacon de la Chevalerie, et partit de Paris peu après, en promettant de revenir au mois de septembre. Il fit route vers Bordeaux en visitant successivement les diverses loges clandestines d'Amboise, de Blois, de Tours, de Poitiers, et s'arrêta à La Rochelle où il se présenta à la loge l'*Union Parfaite,* loge qui travaillait sous les auspices de la *Grande Loge de France* depuis le 9 mars 1752 et qui désirait vivement obtenir des constitutions pour les degrés de perfection. Martinès conféra quelques grades à quatre membres de cette loge et les adressa au *Tribunal Souverain* de Paris. Il se dirigea alors vers Bordeaux où il arriva au commencement de juin 1767, et où il rouvrit son temple à la grande surprise de ses ennemis.

Ces derniers d'ailleurs ne se tinrent pas pour battus. Ils trouvèrent un allié dans un certain Bonnichon, homme aussi orgueilleux et cupide qu'il était inconscient. Ce Bonnichon vivait surtout d'expédients ; il avait fait la connaissance de Martinès en 1766 et avait été ordonné par lui Rose-Croix et membre du *Tribunal Souverain* de Paris. Avec une in-

---

(1) Il n'y a pas trace que Willermoz ait pris part à cet établissement ; il dut sans doute quitter Paris quelques jours avant, muni du titre d'Inspecteur général pour l'Orient de Lyon.

croyable impunité il commit de nombreux abus de confiance : vendant des grades qu'il ne pouvait délivrer et intrigant à Paris, à Lyon et même à Bordeaux pour acquérir de l'importance et discréditer son Grand-Souverain. C'est ainsi qu'il ordonna irrégulièrement plusieurs frères et qu'il leur remit des instructions de son invention. Après de nombreuses plaintes des frères de Bacon de la Chevalerie, Willermoz et De Lusignan, Martinès se décida enfin à chasser Bonnichon du temple de Bordeaux en le « laissant à la miséricorde du Grand Architecte de l'Univers ».

Bonnichon, furieux d'avoir été démasqué, s'entendit avec un sieur Blanchet et quelques autres pour calomnier Martinès devant les magistrats de Bordeaux. Ils l'accusèrent notamment « d'enseigner sous prétexte de Maçonnerie des doctrines contraires à la religion chrétienne ». Martinès répondit en accusant Bonnichon « d'escroquerie sous prétexte de Maçonnerie », en donnant les preuves de cette accusation ; mais en refusant de porter plainte. Les magistrats suffisamment édifiés ordonnèrent alors à Bonnichon de quitter Bordeaux dans les vingt-quatre heures.

Cela eu lieu en janvier 1769. Deux mois après, à la suite d'une affaire scandaleuse, la police contraignit le sieur Blanchet à quitter également Bordeaux. Ces différents événements ne furent pas sans éclairer complètement un certain nombre de maçons restés jusque là hostiles à l'œuvre de Martinès, et qui demandèrent alors à être affiliés à la *Française-élue-Écossaise*. C'est ainsi que furent affiliés au mois de novembre 1769 les frères Duroy d'Hauterive, de Calvimont, de Saignant-Deseru, de Montillac, de Pitrail-Puységur, Carraccioli, Isnard, etc. Plusieurs loges demandèrent aussi des constitutions que Martinès fut contraint de leur refuser, parce que sa propre bulle ne l'autorisait pas à fonder deux établissements dans la même ville. Ces loges, que le décret du 14 août 1766 avait si fort embarrassées, essayèrent alors d'obtenir des constitutions de Dublin, mais aussi vainement, parce que les concordats s'y opposaient. Il n'y eut pas jusqu'aux ennemis acharnés de Martinès qui ne vinrent lui faire des excuses et lui dire qu'ils avaient été indignement trompés par les misérables Bonnichon et Blanchet. Ils demandèrent à être réintégrés, mais Martinès resta inébranlable et ne fut plus inquiété.

Ainsi, dès le commencement de 1770, l'œuvre maçonnique de Martinès n'eut plus à souffrir d'attaques extérieures. Elle avait à Bordeaux un grand nombre d'adhérents; des loges à Montpellier, à Avignon, à Foix, à Libourne, à La Rochelle, à Eu, à Paris, à Versailles, à Metz, etc., et semblait devoir prospérer. Mais l'affaire Bonnichon avait été comme le signal d'une série de dissentiments intérieurs dont l'étude est de la plus grande importance pour l'histoire des

Élus-Coëns, puisque ces dissentiments devaient amener en moins de dix ans la décadence de l'œuvre de Martinès.

Bien que l'affaire Bonnichon se fût heureusement terminée, les frères Bacon de la Chevalerie, de Lusignan et Willermoz avaient été peu satisfaits de la façon dont Martinès avait négligé leurs nombreux avis. Ils le firent voir au Grand Souverain à propos d'un règlement de dettes demandé par le frère de Grainville, comme condition de l'établissement définitif de Martinès à Paris. Martinès avait en effet à cette époque plus de deux mille livres de dettes dans Bordeaux. Par suite du mauvais état de ses affaires, il n'avait pu se rendre à Paris en septembre 1767 comme il l'avait promis à son *Tribunal Souverain.* Ce dernier l'avait sollicité à plusieurs reprises de venir compléter l'instruction des frères de Paris et de Versailles, et lui avait enfin demandé de quitter définitivement Bordeaux pour se fixer dans la capitale. Martinès l'eût fait volontiers, mais il ne voulait pas quitter Bordeaux en y laissant des dettes dont on n'eût pas manqué de rendre responsable la *Française-élue-Écossaise,* et qui eussent complètement compromis son œuvre de réalisation. Le frère de Grainville qu'il entretint de ses perplexités crut bien faire en écrivant au *Tribunal souverain* pour lui demander d'avancer la somme nécessaire au règlement des dettes du Grand-

Souverain. Il écrivit dans le même sens au frère Willermoz à Lyon.

Le 16 mars 1769 le P. M. Bacon de la Chevalerie, substitut, répondit en substance qu'il était prêt à contribuer pour sa part à tons les frais du déplacement du Grand-Souverain; mais que le *Tribunal Souverain* attendait vainement depuis deux ans la réalisation des promesses de Martinès; que les frères de l'orient se plaignaient, non sans raison, d'être négligés, et que quelques-uns d'entre eux avaient même manifesté des doutes peu bienveillants à l'égard du Grand-Souverain; que dans ces conditions, et bien que lui, de la Chevalerie, se fût porté maintes fois garant de la bonne foi de Martinès, il était prudent de ne pas continuer à mécontenter des frères à qui on ne pouvait reprocher qu'un excès de zèle et dont on attendait quelques sacrifices. De son côté Willermoz écrivit le 29 avril à Martinès une lettre dans laquelle il exposait le mécontentement de Bacon de la Chevalerie et de De Lusignan pour la trop grande indulgence du Grand-Souverain à l'égard du sieur Bonnichon. Dans ce factum il traitait assez durement son Grand-Souverain. Émettant des doutes sur sa clairvoyance et sur sa science, il se plaignait surtout de ne pas encore avoir, au bout de deux ans, une preuve des pouvoirs de Martinès; d'en être réduit à se contenter des témoignages du P. M. Substitut, et de n'avoir encore pu, faute d'instruction, poser les bases d'un temple à Lyon (1).

Martinès laissa passer le gros de l'orage et répondit qu'il était tout disposé à communiquer les cérémonies et instructions, tant générales que particulières ; mais qu'il redoutait qu'on ne les étudiât pas mieux que celles qu'il avait données précédemment, parce qu'il lui semblait que les frères étaient plus désireux d'être avancés dans l'ordre que déterminés à travailler à leur instruction. Cependant il expédia un certain nombre d'instructions.

Mais ce n'était pas ce que désiraient surtout Bacon de la Chevalerie et Willermoz. Le premier voulait attirer Martinès à Paris, auprès du *Tribunal Souverain;* et le second, tout en désirant recevoir personnellement des preuves des pouvoirs du Grand-Souverain, aurait surtout voulu fonder un établissement à Lyon (2). Au commencement de 1770 ils firent donc de nouvelles propositions à Martinès qui ré-

---

(1) Cette lettre du frère Willermoz a été publiée *in-extenso* par M. Papus dans son ouvrage sur *Martinès de Pasqually*, p. 42 et suiv.

(2) Nous ferons observer à M. Papus, qui parle d'une loge d'élus-coëns siégeant à Lyon, à partir de 1765, sous la présidence de Willermoz, qu'il n'y avait encore à Lyon, au commencement de 1770, que six élus-coëns, dont Willermoz, à peine initiés.

pondit par une longue lettre (1), dans laquelle, tout en se plaignant du trop grand zèle du frère De Grainville, il refusait les offres pécuniaires du *Tribunal Souverain*. Il annonçait que sa dette était sur le point d'être acquittée et morigénait ses Rose-Croix de leur manque de confiance. Enfin il laissait entendre qu'il avait connaissance de certaines fautes, en se contentant de plaindre ceux qui manquaient aux devoirs de leur charge.

Ce dernier trait est important, car il nous montre que Bacon de la Chevalerie avait, déjà à cette époque, commis quelques irrégularités dans l'exercice de son ministère.

Bacon de la Chevalerie, dont Willermoz devait quelques années plus tard reprendre les projets,

---

(1) Cette lettre, du 11 juillet 1770, est en réalité un factum de plusieurs pages in-4º et ne pouvait trouver place ici, malgré son importance. On en trouvera une sorte de résumé p. 180 à 191 de l'ouvrage de M. Papus, déjà cité, où ce résumé est présenté de telle manière qu'on ne peut savoir s'il s'agit d'un brouillon de Martinès ou d'un résumé pris par Willermoz sur le document original. Nous penchons vers cette dernière hypothèse, parce que le document Papus ne mentionne pas un grand nombre de faits importants. Il est probable que Willermoz se sera contenté, dans un voyage à Paris, de relever sur le document des archives du Tribunal Souverain l'ensemble des réponses de Martinès relatives aux propositions faites par les Rose-Croix.

était, en effet, tout récemment entré en relations avec plusieurs émissaires de la *Stricte-Observance* templière d'Allemagne. Ils projetaient de réaliser en France, dans un but politique assez nébuleux, une sorte de concentration maçonnique analogue à celle qui était tentée en Allemagne, depuis une dizaine d'années, par les templiers du baron de Hund dont nous avons déjà parlé. Bacon de la Chevalerie, maçon actif mais ambitieux, espérait que, les premières difficultés aplanies, Martinès ratifierait les traités de son substitut et favoriserait un mouvement que ce dernier avait été amené à considérer comme très important par les envoyés templiers Stelter et Draeseke. Il estimait surtout que les *Élus-Coëns* trouveraient dans la *Stricte-Observance*, dont on lui vantait les ressources et le crédit et qui comprenait effectivement beaucoup de personnages titrés et influents, un vaste champ de recrutement et un puissant levier.

Il n'y avait qu'un léger nuage sur toutes ces belles conceptions du substitut, nuage que Bacon de la Chevalerie ne connut pas ou auquel il n'attacha aucune importance : c'était que l'énorme système de la *Stricte-Observance* ne reposait que sur le vide et les ténèbres, et ne se soutenait que de promesses et de tromperies, tout en étant étroitement gouverné par ses *Supérieurs Inconnus* (1).

---

(1) C'est la première fois que l'on voit apparaître dans

Mais Martinès de Pasqually savait à quoi s'en tenir sur le régime des templiers allemands et sur ces fameux S. I. que l'on devait connaître quelques années plus tard, lorsque, après avoir vainement tenté de s'emparer du *Grand Orient de France*, ils furent successivement démasqués par leurs propres partisans.

Le Grand Souverain et son substitut ne pouvaient donc s'entendre. Peut-être y avait-il entre eux d'autres sujets de brouille, car il semble que le frère Bacon de la Chevalerie ne remplissait pas toujours les conditions exigées dans les travaux des *Élus-Coëns* : « Un jour, a-t-il raconté, que je n'étais pas parfaitement pur, je combattais tout seul dans mon petit cercle, et je sentais que la force supérieure d'un de mes adversaires m'accablait, et que j'allais être terrassé. Un froid glacial, qui montait de mes pieds vers le cœur, m'étouffait, et prêt à être anéanti,

---

la Franc-Maçonnerie ces *Superiores Incogniti* ou S. I. qui depuis ont été attribués, par un auteur fantaisiste, au théosophe Saint-Martin, peut-être parce que ce dernier signait ses ouvrages : *un Philosophe Inconnu*, nom d'un grade des Philalèthes. Il est vrai que le même fantaisiste a attribué les Philalèthes à Saint-Martin ; qu'il a également attribué le livre des Erreurs et de la vérité, du *Philosophe Inconnu*, à un *Agent Inconnu*; et qu'il s'intitule lui-même S. I. Quand on prend de l'*inconnu* on n'en saurait trop prendre.

je m'élançai dans le grand cercle poussé par une détermination obscure et irrésistible. Il me sembla en y entrant que je me plongeais dans un bain tiède délicieux, qui remit mes esprits et répara mes forces dans l'instant. J'en sortis victorieux, et, par une lettre de Pasqually, j'appris qu'il m'avait vu dans ma défaillance et que c'était lui qui m'avait inspiré la pensée de me jeter dans le grand cercle de la *Puissance Suprême* ».

Quoiqu'il en soit, Martinès de Pasqually et Bacon de la Chevalerie se séparèrent assez mécontents l'un de l'autre. Bacon de la Chevalerie cessa de faire des prosélytes à des doctrines qui, disait-il, l'avaient rendu fort malheureux, et il se confina désormais dans la pratique des degrés symboliques et philosophiques.

Mais, en 1771, les relations entre Martinès et son substitut n'étaient pas encore aussi tendues qu'elles le furent un an plus tard, lorsque Martinès, convaincu des intrigues fusionnistes de Bacon de la Chevalerie, résolut de le suspendre de ses fonctions et de le remplacer par T. P. M. Deserre. Aussi, au mois d'août 1771, se rendit-il, accompagné du frère De la Borie, auprès du *Tribunal Souverain* de Paris. Il compléta l'instruction des anciens et des nouveaux Rose-Croix de cet orient, installa définitivement le temple de Versailles et repartit pour Bordeaux au mois d'octobre. Là, bien que toujours tourmenté par ses affaires temporelles, il continua ses divers travaux maçonniques. Notamment, le 17 avril 1772, il ordonna Rose-Croix, le frère Deserre et le frère *De Saint-Martin* dont nous reparlerons longuement dans la suite de cette Notice (1).

Martinès de Pasqually devait quitter définitivement Bordeaux le 5 mai 1772 pour aller recueillir une succession à Port-au-Prince.

Nous avons écrit dans notre précédente Notice que « peu d'années après le départ de Martinès de Pasqually pour les Antilles, une scission se produisit dans l'Ordre qu'il avait si péniblement formé; certains disciples restant très attachés à tout ce que leur avait enseigné le maître, tandis que d'autres, entraînés par l'exemple de Saint-Martin, abandonnaient la pratique active pour suivre la voie incomplète et passive du mysticisme ». En effet, durant les cinq années qu'il passa à la loge de Bordeaux, Saint-Martin avait déjà manifesté quelque éloignement pour les travaux de Martinès de Pasqually, et tendait déjà à s'affranchir du dogmatisme rituélique

---

(1) Louis-Claude de Saint-Martin, né à Amboise le 13 janvier 1743, et qui devait devenir un des plus grands mystiques français, avait été successivement avocat au siège présidial de Tours et lieutenant au régiment de Foix dont les officiers, membres de la loge de *Josué*, lui firent connaître Martinès de Pasqually.

des loges et à le rejeter comme inutile. Mais à la vérité il ne tenta rien avant la mort de Martinès, survenue en 1774; tandis qu'un autre frère, le R. C. Du Roy d'Hauterive, n'attendit pas cet événement pour manifester dès 1773 des tendances fâcheuses pour le rite des *Élus-Coëns*.

Nous n'avons malheureusement pas la lettre qui mentionnait les agissements du T. P. M. Du Roy d'Hauterive et nous devons nous contenter de la réponse du Grand Souverain, réponse dont le passage suivant est d'ailleurs suffisamment explicite :

« ..... Quant à l'égard de ce qu'aurait pu dire
« le T. P. M. Du Roy, je vous instruis du con-
« traire. Il ne suffit pas de penser comme nous
« pour être un franc et légitime maçon et un
« parfait chevalier des temples particuliers et
« généraux, car alors serait élu ou G. A. qui
« voudrait s'il avait eu en mains les instructions
« et explications secrètes de ces grades, et
« l'Ordre serait à la merci complète de tous les
« défaillants, comme vous pouvez le comprendre.
« Aussi les propos du T. P. M. Du Roy m'éton-
« nent de la part d'un frère instruit qui, quand
« il combattait nos établissements, me repro-
« chait des vues semblables à celles qu'il aurait
« aujourd'hui. Cependant voyez et instruisez-
« moi de sa façon d'agir envers nos membres,
« et je vous exhorte à veiller à ce que tous nos

« postulants aient bien reçu leurs instructions
« dans le symbolique, ou qu'ils les reçoivent
« comme émules selon ce que j'ai mandé à mon
« T. S. de Paris. Pour le reste faites-en la colla-
« tion selon mes propres instructions et avec
« le cérémonial que vous aurez du P. M. Subs-
« titut.

« Faute de quoi vous ferez des membres sans
« aucun des pouvoirs de leur grade et (qui) ne
« seront d'aucune utilité à l'Ordre encore qu'on
« les avance après de semblables profanations,
« et ainsi vous n'auriez pas nui à l'Ordre seul
« mais plus gravement aux sujets désireux de
« s'instruire et de progresser dans le bien. De
« plus vous ne devez pas prendre exemple sur
« ma bien trop grande facilité à récompenser le
« bon vouloir de quelques émules qui ne remplis-
« saient pas les conditions; mais vous souve-
« nir de tous les ennuis que m'a procurés cette
« facilité et cela lors de nos établissements de
« Bordeaux et dans la personne des sieurs Lardy,
« Duguers (Bonnichon) et autres, par suite de
« quoi je me suis résolu à abandonner au conseil
« de mes T. S. tout ce qui m'est adressé. C'est

---

(1) Extrait d'une lettre inédite au frère De Gaicheux, du 16 novembre 1773.
Anciennes archives Villaréal. D. IX.

« un pâtiment auquel je me résigne volontiers
« dans l'intérêt de l'Ordre. »

« Votre affectionné frère et maître »

« Don Martinès de Pasqually. G. S. » (1).

On voit d'après cet extrait que, déjà à la fin de 1773, le frère du Roy d'Hauterive semblait considérer le cérémonial des divers grades comme une chose fort accessoire, et cherchait très probablement à faire partager son opinion par quelques membres de l'Ordre. Ce qui est certain, c'est que d'Hauterive se sépara de l'Ordre quelques années plus tard ; et l'on peut se demander s'il n'y a pas une relation entre les tendances manifestées par d'Hauterive en 1773 et la ligne de conduite que devait tenir Saint-Martin dans la suite.

Le fait est qu'un peu avant la mort de Martinès de Pasqually, Saint-Martin se rendit à Lyon où il fit avec d'Hauterive une série de conférences dans la loge de Willermoz (1), *La Bienfaisance*, et où il écrivit son premier livre intitulé des *Erreurs et de la Vérité* : « C'est à Lyon, dit-il, que j'ai écrit le livre intitulé des Erreurs et de la Vérité ; je l'ai écrit par désœuvrement et par colère contre les philosophes. J'écrivis d'abord une trentaine de pages, que je

---

(1) Parmi ces conférences, celle intitulée : « Des voies de la Sagesse » nous a été conservée. On n'y trouve que des pensées morales, sans aucune question dogmatique.

montrai au cercle que j'instruisais chez M. de Villermas (*sic*), et l'on m'engagea à continuer. Il a été composé vers la fin de 1773 et le commencement de 1774, en quatre mois de temps, et auprès du feu de la cuisine, n'ayant pas de chambre où je pusse me chauffer. Un jour même, le pot de la soupe se renversa sur mon pied et le brûla assez fortement. »

Saint-Martin fut-il très satisfait de ce séjour à Lyon? Nous ne le pensons pas, pour diverses raisons : « Mon premier séjour à Lyon en 1773, 1774, 1775, nous dit-il lui-même, ne m'a pas été beaucoup plus profitable que celui de 1785. J'y éprouvais un repoussement très marqué dans l'ordre spirituel » (2). Ce qui occasionnait ce repoussement dans l'ordre spirituel, et ce sur quoi Saint-Martin n'insiste pas, l'Histoire maçonnique va nous l'apprendre. Mais il est nécessaire de faire ici une digression un peu longue et de reprendre l'étude de cet Ordre de la *Stricte-Observance templière* dont nous avons différé jusqu'à présent de développer la formation et le système.

Le créateur de ce système, le baron de Hund, riche gentilhomme de Lusace, d'intelligence ordinaire, mais très porté aux idées aventureuses et doué d'une forte dose de vanité et d'une riche imagination, avait en-

---

(2) Ce passage et le précédent sont extraits du « Portrait » de Saint-Martin, autobiographie qui n'a pas encore été publiée intégralement.

tendu parler durant son séjour à Paris, en 1743, d'une légende sur la prétendue continuation de l'ancien ordre des templiers officiellement aboli vers 1313. De retour en Allemagne, il imagina, de concert avec un frère Marschall, ancien grand-maître provincial de la Grande Loge de Londres pour la Haute-Saxe, de rétablir cet ancien Ordre des Templiers en s'appuyant sur la Franc-Maçonnerie, et de chercher à recouvrer les biens de cet Ordre. En conséquence, ils commencèrent à s'efforcer de rétablir le plan du domaine de l'Ordre ; mais devant les difficultés que présentait le rétablissement de certaines provinces, ils adoptèrent une nouvelle répartition des provinces. Elle eut lieu d'après les bases suivantes : 1° la Basse-Allemagne avec la Pologne et la Prusse ; 2° l'Auvergne ; 3° l'Occitanie ; 4° l'Italie et la Grèce ; 5° la Bourgogne et la Suisse ; 6° la Haute-Allemagne ; 7° l'Autriche et la Lombardie ; 8° la Russie et 9° la Suède (1). Ces provinces furent elles-mêmes divisées administrativement en directoires, prieurés, sous-prieurés, etc., d'une façon quelque peu arbitraire ; sauf cependant la première et la sixième province, pour la division desquelles on utilisa la répartition des

---

(1) A la vérité, il y eut trois répartitions successives des provinces : une première tout imaginaire en sept provinces, une seconde basée sur les documents relatifs aux Templiers, et une troisième adaptée aux nécessités de l'époque.

loges maçonniques existantes, loges que l'on devait s'efforcer de faire entrer dans le système. Marschall et De Hund travaillèrent ensuite à composer leurs rituels et établirent six grades. Aux trois grades, apprenti, compagnon et maître, ils ajoutèrent un Maître écossais, un Novice et un Chevalier templier que l'on divisa lui-même en quatre classes : celles d'Eques (chevalier), d'Armiger (porteur d'armes), de Socius (allié), et d'Eques-professus ou grand profès.

Comme il était nécessaire, en attendant que les promoteurs de ce système eussent trouvé quelques hauts personnages pour l'appuyer, de donner à l'Ordre l'autorité qui lui manquait, Marschall et De Hund imaginèrent de placer leur création sous les auspices de *Supérieurs Inconnus*, personnages fictifs dont le mystère cacherait l'irréalité, tout en laissant supposer de hautes personnalités ayant en main l'instruction et la direction de l'Ordre. Marschall et de Hund décidèrent aussi que chaque frère recevrait un nom de guerre ; et ils rédigèrent l'acte d'obédience que l'on devait signer aux *Supérieurs Inconnus* ou S. I. en entrant dans l'Ordre templier. Cet acte était divisé en *six points* d'obéissance absolue (1), d'où le nom de *Stricte Observance* donné à l'Ordre templier.

---

(1) Voir le texte dans Menge, *Geschichte der Loge Pforte*, etc., p. 81 et suiv., et dans Fessler. *Histoire critique*. On

Tout était déjà disposé. Les messages des S. I. avaient été préparés, et le frère Marschall avait présenté De Hund aux francs-maçons de sa loge de Kittliz, comme ayant reçu la grande maîtrise templière pour l'Allemagne, sous le nom d' « Eques ab Ense »; quand Marschall, inquiet des suites qu'aurait toute cette affaire, jugea prudent de se retirer.

Cet abandon ne découragea pas De Hund, qui distribua de nombreux titres de chevaliers et réussit à faire signer son fameux acte d'obédience dans plusieurs loges de la Saxe et du Brunswick. Cependant sa réalisation aurait sans doute rencontré de grands obstacles si un événement inattendu ne lui eût procuré une grosse réclame dans toute l'Allemagne.

Un certain aventurier nommé Becker, qui se cachait sous le nom de Johnson, ayant eu vent des projets de De Hund, essaya de supplanter ce dernier dans l'esprit de ses partisans et de lui enlever le bénéfice de son entreprise. Ce Johnson était très habile. Connaissant la fatuité de De Hund tout en soupçonnant sa hâblerie, il ne lui contestait pas le titre de Grand-Maître ; mais il se prétendait lui-même envoyé par les S. I. pour réformer l'Ordre

---

s'engageait notamment, en signant cet acte, à renoncer aux obligations et aux pratiques des autres observances; ce qui explique amplement la conduite de Martinès de Pasqually à l'égard de Bacon de la Chevalerie.

templier, et, tout en affirmant que lui, Johnson, avait des pouvoirs illimités, il assurait que De Hund commandait à vingt-six mille hommes et que l'Ordre lui faisait un revenu de plusieurs milliers de louis d'or ; que le convent de l'Ordre se tenait en permanence dans un endroit fortifié gardé nuit et jour par des chevaliers en armes et que la flotte anglaise était à la discrétion de l'Ordre. Il racontait aussi qu'il n'existait de caisses qu'en trois endroits de la terre, savoir : à Ballenstädt, dans les montagnes de la Savoie et en Chine ; que l'Ordre possédait encore des manuscrits de Hugo de Paganis, grand-maître des templiers. Il ajoutait que quiconque s'attirait la colère de l'Ordre était perdu corps et âme. Il portait aux théologiens une haine sans bornes : « Cette canaille, disait-il, ne se doute guère des châtiments que l'Ordre lui réserve. »

De Hund, de son côté, prétendait que les récits de Johnson étaient vrais ; mais il prenait soin d'ajouter qu'il était faux que Johnson eût l'autorité qu'il se donnait et qu'il n'appartenait à personne, sauf à lui, Grand-Maître de l'Ordre en Allemagne, de conférer des grades supérieurs aux trois premiers : « Jusque-là il était resté dans l'ombre, mais il considérait désormais, comme un devoir, de faire publiquement partie de la Franc-Maçonnerie et il invitait les frères à lui prêter serment d'obéissance et de fidélité et à attendre les instructions des S. I. »

Cependant De Hund, considérant la situation comme dangereuse, cherchait une occasion de se débarrasser de Johnson sans trop de scandale. N'en trouvant pas, il s'éleva enfin fortement contre lui. Johnson témoigna une grande indignation et ne demanda pour réunir les preuves de sa justification qu'un délai de vingt-quatre heures dont il profita sagement pour prendre la fuite (1).

Quant à De Hund, il parla avec tant d'assurance, en frappant sur son épée, que les frères présents ne firent aucune difficulté pour admettre qu'il avait bien réellement reçu du dernier grand-maître des Templiers refugiés en Écosse le titre de Grand-Maître provincial d'Allemagne, sous le nom de Chevalier de l'Épée (Eques ab Ense).

Comme le nouveau sytème donnait satisfaction aux ambitieux, le frère Schubart de Kleefeld (Eques a Strutione), homme adroit, persuasif et possédant une grande expérience du monde, et que De Hund avait gagné à sa cause, n'eut pas grande peine à obtenir en peu de temps un grand nombre d'adhésions. Lui-même, nommé Sous-Prieur et pourvu de beaux

---

(1) Dans la suite, on reconnut que ce Johnson avait commis, sous le nom de Leuchte, de nombreuses escroqueries dans toute l'Allemagne. Condamné pour vol d'une caisse publique, il fut arrêté et enfermé au château de la Wartbourg où il mourut en 1775.

appointements, faisait miroiter aux yeux des frères un plan financier destiné à enrichir les chevaliers pauvres. D'après ce plan, on se proposait de former, avec les droits des réceptions extraordinaires et des promotions ajoutés à une mise de fonds, s'élevant, pour chaque chevalier, à la somme de cinq cents rixdales (environ 2,500 francs) un fonds que l'on centuplerait au moyen de spéculations commerciales.

Inutile de dire que ce plan ne fut par réalisé. Lorsque Schubart se trouva à la tête d'une fortune suffisante, il déclara qu'il renonçait à l'administration des biens de l'Ordre, et toutes les brillantes espérances qu'il avait données à ses adhérents s'évanouirent en fumée, au grand désappointement de ces derniers.

Cependant, grâce aux habiles promesses de Schubart et à l'activité de Hund et d'un frère Jacobi que le grand-maître s'était adjoint, l'Ordre avait fait quelques progrès. Outre un grand nombre de maçons de la Prusse, du Brunswick, du Mecklembourg, du Hanovre, du Danemark et de la Courlande, il comptait parmi ses membres le duc Ferdinand de Brunswick qui travaillait à créer à Brunswick même une grande loge de direction.

Mais les ressources d'une riche imagination ne sauraient suppléer la vérité, et De Hund ne devait pas tarder à être écrasé par sa propre construction.

Comme les S. I. commençaient à montrer une certaine incertitude dans l'administration de l'Ordre et que, malgré leur science infuse, ils faisaient trop souvent preuve d'une ignorance manifeste ; comme, tout en accablant de mandements leurs sujets liés par d'étroits serments, ces supérieurs aussi autoritaires qu'inconnus ne semblaient pas savoir exactement ce qu'ils voulaient, De Hund se vit bientôt pressé de toutes parts de demandes d'éclaircissements.

Privé de conseils, il ne pouvait que répondre ce qu'il avait toujours dit sur la continuation de l'Ordre des Templiers et sur leurs S. I. que, disait-il, il ne connaissait pas lui-même et dont il recevait les ordres. Comme il se retranchait derrière un prétendu serment, les frères ne purent rien en tirer, mais commencèrent à le considérer avec une certaine défiance.

Cependant les affaires de l'Ordre allant de mal en pis, on songea à convoquer une assemblée de tous les chefs patents du système, assemblée qui eut effectivement lieu en mai 1772, au château de Brühl, à Kohlo en Lusace. Le duc Ferdinand de Brunswick y fut nommé Grand-Maître général, tandis que De Hund, après avoir affirmé sa légitimation sur son épée, ne fut élu Grand-Maître que dans les loges de la Haute et Basse Saxe, du Danemark et de la Courlande. Vu son goût pour les hommages et les pompes extérieures, on lui laissa la direction du cérémonial et le choix des titres en lui enlevant toute autre attribution.

Bien que De Hund ne possédât plus qu'un semblant de pouvoir et que son autorité fût devenue très problématique, il prit sur lui de répandre le régime templier au delà de l'Allemagne et notamment en France, où il avait déjà envoyé de nombreux émissaires. Il pensait recouvrer ainsi l'appui qui lui faisait défaut dans son pays.

Dans ce but, il délivra le 27 février 1774 à un frère De Weiler (Eques a Spica Aurea) une patente de « Commissarius generalis perpetuus visitationis » avec pouvoir de rétablir la seconde, la troisième et la cinquième provinces (Auvergne, Occitanie et Bourgogne).

En conséquence Weiler, muni du fameux acte d'obédience en six points des S. I. et des rituels de l'Ordre templier allemand, traduits en français, pour la circonstance, par le professeur H. Bernard, se dirigea vers la France pour sa tournée de missionnaire. En moins de quatre mois il établit non pas trois provinces, mais quatre ; ayant pris sur lui d'en établir une quatrième sous le nom de Septimanie. Les directoires de ces quatre provinces avaient leurs sièges en une seule loge des villes de Lyon, Bordeaux, Strasbourg et Montpellier. Les quatre provinces, Auvergne, Occitanie, Bourgogne et Septimanie avaient chacune leur grand-maître placé sous la grande-maîtrise générale du duc Ferdinand de Brunswick.

Nous ne nous occuperons, pour le moment, que de la province d'Auvergne dont Willermoz avait signé l'acte d'obédience en en recevant la grande-maîtrise.

Cette province, la seconde de l'Ordre templier, figurait d'une façon toute particulière dans les légendes de la *Stricte-Observance* où il était dit, qu'après la mort de Jacques Molay, le grand-maître provincial de l'Auvergne, Pierre d'Aumont, ainsi que deux commandeurs et cinq chevaliers parvinrent à se réfugier dans une île écossaise où d'Aumont, premier de nom, fut nommé grand-maître de l'Ordre en 1313. Elle avait son siège directorial à Lyon, dans la loge *La Bienfaisance* où Saint-Martin fit une série de cours en 1774. C'est là que nous retrouvons effectivement, à la fin de 1774, Saint-Martin très mécontent de lui-même et assez peu satisfait de la conduite de Willermoz.

Saint-Martin avait-il personnellement signé l'acte d'obédience aux S. I, du baron De Hund? Nous ne le pensons pas. Il n'était vraisemblablement engagé que comme membre de *La Bienfaisance* et cela suffisait pour le mécontenter.

D'un autre côté, quelque désir qu'il eût de se séparer du mouvement de Willermoz, sa situation vis-à-vis de ce dernier était assez délicate. A son arrivée à Lyon, en l'hiver de 1773, presque sans ressources (il n'avait aucune position, ayant donné sa démission d'officier, et était quelque peu brouillé avec son père) et contraint, comme il nous le dit lui-même, à composer son premier livre « au feu de la cuisine n'ayant pas de chambre où je pusse me chauffer », il s'était vu bientôt accueilli et logé dans la propre maison de son riche frère Willermoz. On comprendra sans peine que, quel que fût son mécontentement des visées de Willermoz, l'amitié et la reconnaissance qu'il avait pour ce dernier lui créaient des liens bien difficiles à rompre. Peu partisan des associations et des embrigadements il avait fait ce qu'il lui était possible de faire pour dissuader son ami de s'inféoder à la *Stricte-Observance templière* et n'avait obtenu aucun résultat, Willermoz croyant avoir de sérieuses raisons pour persévérer dans son entreprise.

Les raisons invoquées par Willermoz étaient en somme les mêmes que celles qui avaient déjà brouillé Bacon de la Chevalerie et Martinès de Pasqually ; mais ce dernier était loin et déjà malade ; les *Élus-Coëns* de Lyon ne recevaient plus de lui que de rares instructions, et Willermoz ne pouvait songer à recueillir la succession du Grand-Souverain. D'ailleurs Willermoz, qui n'avait obtenu aucun résultat des initiations de Martinès, était assez découragé et songeait à chercher ailleurs ce qu'il n'avait pu obtenir chez les *Élus-Coëns*. Aussi, dans la prévision que ces *Élus-Coëns* ne pourraient longtemps subsister, parce que le Souverain-Substitut, successeur probable de

Martinès, *Armand Robert Caignet de Lestère*, étant déjà accablé par le poids de sa charge de commissaire général de la marine et résidant lui-même à Saint-Domingue, ne pourrait probablement pas s'occuper des affaires de son Ordre, Willermoz crut sans doute agir sagement en traitant sans plus tarder avec cet *Ordre de la Stricte-Observance templière* que l'on disait si puissant et dont on racontait tant de merveilles.

L'affaire paraissait avantageuse : Willermoz recevrait la grande-maîtrise provinciale d'Auvergne dont la loge *La Bienfaisance* serait le centre directorial ; et cette loge, cessant de végéter pour devenir une sorte de puissance maçonnique, prêterait en retour son appui à l'Ordre templier pour faciliter à ce dernier une action sur la Maçonnerie française, et particulièrement sur le *Grand-Orient de France* qui venait de se fonder et dont plusieurs régimes se disputaient la direction.

L'occasion semblait favorable. Plusieurs officiers du *Grand-Orient* étaient déjà gagnés à la *Stricte-Observance*, particulièrement les anciens élus-coëns Bacon de la Chevalerie et l'abbé Rozier qui occupaient des postes très importants pour la bonne conduite de l'entreprise. C'était une occasion unique de sortir de l'ombre ; du moins c'est ce que pensait Willermoz quand il signa l'acte d'obédience.

Martinès de Pasqually avait déjà manifesté quelque inquiétude, au commencement de 1774, sur le rôle que semblaient vouloir jouer Willermoz et quelques autres dans le *Grand-Orient de France* : « Je ne vous cacherai pas, écrivait-il de Port-au-Prince à Willermoz, que le P. M. Caignet, ainsi que moi, de même que tous les membres qui composent le Grand Tribunal Souverain de mon Grand Orient, ont été surpris et même étonnés lorsqu'on a vu votre nom dans un paquet imprimé qui traite de Loge nationale de France (1), et que l'on fasse mendier une somme d'argent à titre de don gratuit à des seigneurs de distinction à tous égards, aux différentes loges du Royaume sous prétexte de faire construire un temple pour l'installation de monseigneur le duc de Chartres. » Martinès semblait croire qu'il s'agissait d'un « coup d'argent » alors qu'il était réellement question d'installer en grande pompe, dans un temple spécial, le duc de Chartres, depuis Philippe-Égalité, de triste mémoire. Cependant il faut avouer qu'il paraît être mieux informé qu'il ne veut le faire voir, car il continue en ces termes : « Il semble dans cet imprimé que M. de la Chevalerie soit à la tête de ce nouvel établissement et il fait l'abbé Rozier un agent indifférent ; mais il y est pour quelque chose (2).

---

(1) Le nom de *Grande Loge nationale de France* est celui que prit au début le *Grand Orient de France*.
(2) Nous avons déjà parlé de Bacon de la Chevalerie.

L'Ordre chez nous ne retient personne de ses sujets de force ; au contraire, il les laisse comme il les a pris ; ils ont toujours leur liberté ; car autrement ils n'auraient point de mérite de faire le bien au préjudice du mal. Expliquez-moi comment votre nom se trouve mis dans cet imprimé que le P. M. Caignet a reçu de Paris et un second volume pareil qu'on lui a adressé ces jours passés, qui a eu le même sort que le premier qui a été inconsidéré (1). »

Pour bien se rendre compte de la situation dans laquelle se trouvait Martinès, il faut savoir que les imprimés dont il parle dans cette lettre du 24 avril 1774 étaient bien antérieurs au mois d'octobre 1773. Ce fut en effet le 28 octobre 1773 que le duc de Chartres fut installé Grand-Maître du *Grand Orient de France*, au temple de son hôtel de la Folie-Titon, au cours d'une cérémonie qui, outre la cotisation de trente livres pour chaque frère qui y prit part, coûta plus de trois mille trois cent quarante livres aux

---

L'abbé Rozier était entré dans les Élus-Coëns en 1771. Il était depuis 1773 président de la Chambre des Provinces du *Grand Orient* dont Bacon de la Chevalerie était le grand orateur. Eux et Willermoz figurent dans les tableaux comme députés de Lyon, Strasbourg et Bordeaux.

(1) Extrait d'une lettre au frère Willermoz. M. Papus l'a publié dans son ouvrage intitulé « Martinès de Pasqually » sans en comprendre la portée.

frères désireux de faire leur cour à cet illustre Grand-Maître. Martinès se trouvait donc en présence d'un fait accompli depuis six mois, fait sur lequel, comme sur les agissements des *Élus-Coëns* de Lyon, il ne reçut jamais aucun éclaircissement de Willermoz, puisque, le 23 juillet 1774, il écrit encore :

« Je suis très inquiet du T. P. M. Willermoz
« qui ne juge pas utile de me faire réponse sur
« les faits dont je vous ai écrit, mais j'en sais
« assez maintenant par le T. P. M. Substitut
« pour que la fièvre où je suis me laisse peu de
« repos. Un frère qui doit aller à Bordeaux dans
« quelque temps emportera le gros des ins-
« tructions et le statut général. Cela ne les enga-
« gera pas beaucoup mais je veux qu'ils le si-
« gnent tous. Vous pourrez avoir les instructions
« et tableaux de T. P. M. Disch à qui ils doi-
« vent être remis. Je suppléerai au reste selon
« la mesure de mon état de santé et que vous
« m'aurez instruit de ce qui se passe, malade
« que je suis de l'incertitude de leur esprit et
« qu'ils ne voient pas ce qu'ils font. » (1).

On voit dans cet extrait de lettre que Martinès, déjà atteint de la maladie qui devait l'emporter, est très inquiet de la conduite de Willermoz et des

---

(1) Extrait d'une lettre inédite au frère Mallet de Versailles. (Anciennes archives de M. Villaréal. D. XVII).

frères de Lyon. Il semble qu'il désire leur faire signer une sorte d'engagement sous la forme d'un statut général.

Ce statut général part en effet avec le frère Timbale au commencement du mois suivant et avec lui plusieurs lettres dont une adressée à Willermoz. Martinès est très malade. Dans sa lettre, aucune allusion aux faits reprochés, mais seulement un passage et un post-scriptum, corollaires de la lettre précédente : « Je profite du départ du frère Timbale qui va à Bordeaux pour vous faire part de l'envoi que le Tribunal Souverain du Port-au-Prince vous fait, qui consiste au nouveau statut général que vous suivrez régulièrement dans tout son contenu. » Et le post-scriptum : « Lisez avec soin le statut général que je vous envoie certifié et scellé du grand timbre de l'Ordre. Vous aurez soin de faire signer tous les frères de votre Grande Loge aux feuilles qui sont de reste au présent statut. » (1).

Lettre et statut ne furent remis à Willermoz qu'au commencement de novembre 1774 : Martinès de Pasqually était mort depuis le 20 septembre ; et, depuis le mois de mars de la même année, les *Élus-Coëns* de Lyon étaient inféodés au duc de Brunswick, grand-maître de la *Stricte-Observance templière*.

---

(1) Extrait d'une lettre au frère Willermoz, publié par M. Papus dans son « Martinès de Pasqually ».

Comme nous l'avons déjà dit, Saint Martin passa l'année de 1774 à Lyon, dans d'assez mauvaises conditions morales. Peu satisfait de la politique de Willermoz, il comprenait d'autant moins les raisons qui faisaient agir ce dernier qu'il était de moins en moins partisan des travaux maçonniques en commun et qu'il n'avait plus guère d'estime que pour les travaux individuels. Cependant il ne voulait pas froisser un ami qui le soutenait depuis un an et il bornait sa protestation à assister le moins possible aux séances de la loge provinciale d'Auvergne, sous prétexte de travaux particuliers.

L'année 1775 devait apporter quelques changements dans cette vie de contrainte. Cette année là il se produisit en effet un certain dévoilement des mensonges de la *Stricte-Observance*. Cela eut lieu à l'occasion d'un convent qui se tint à Brunswick du mois de mai au mois de juillet, convent où assistèrent les représentants de vingt-trois loges sous la présidence du duc de Brunswick.

Presque toutes les provinces avaient ardemment demandé que le frère De Hund prouvât d'une manière fondée la légitimité de ses pouvoirs, afin que cette question de même que celle des *Supérieurs Inconnus* fût enfin éclaircie.

A ce convent se présenta un certain Stark qui avait été initié dans la Stricte-Observance, sous le nom d'Eques ab Aquila fulva, et qui avait appris à connaître à fond le système templier et à en percer les faiblesses. Il se donnait pour chancelier du Grand Chapitre d'Écosse et comme envoyé par les S. I. de ce corps suprême pour instruire les frères des vrais principes de l'Ordre et pour leur communiquer ses sublimes secrets. Il ajoutait naturellement que Johnson était un imposteur; que le baron de Hund n'avait jamais possédé les hautes connaissances de l'Ordre, et qu'il en conviendrait lui-même; mais que lui, Stark, était assez disposé à remplir sa mission si les frères voulaient se soumettre aveuglément aux lois qu'il pourrait leur dicter. L'assemblée était incertaine, quand le frère trésorier représenta qu'avant de promettre une soumission aveugle à des *Supérieurs Inconnus* et à des exigences dont on ignorait la nature et l'étendue, il fallait au moins vérifier les pouvoirs qui autorisaient Stark à traiter avec l'assemblée. Cet avis prévalut, car les frères qui, depuis plusieurs années, avaient envoyé aux S. I., par l'entremise de leurs prétendus délégués, des contributions qui s'élevaient à plusieurs milliers de rixdales, n'étaient pas fâchés de recevoir quelques éclaircissements. Mais ce fut en vain qu'on s'efforça d'obtenir de Stark l'exhibition de ses titres et des éclaircissements sur les obligations qu'il prétendait imposer. Les frères refusèrent donc d'en passer par où il voulait.

De Hund, sommé à son tour de fournir des explications, raconta qu'il avait été reçu Chevalier du Temple en 1743 à Paris, dans une loge dont il ignorait le nom, en présence de lord Kilmarnock et de lord Clifford ; qu'on ne l'avait pas désigné expressément comme grand-maître, mais qu'on lui avait laissé supposer qu'il avait cette qualité. Il raconta aussi qu'il avait reçu plus tard une patente signée du nom de Georges et que, par l'intermédiaire d'agents inconnus, il avait correspondu avec des Supérieurs non moins inconnus dont les lettres venaient d'Écosse ; que le frère Marschal lui avait remis avant sa mort le matricule de l'Ordre, pièce que De Hund produisait à l'appui de son assertion mais qui ne contenait autre chose qu'une division de l'Ordre en provinces. Deux lettres qu'il donnait comme les nouvelles les plus récentes qu'il eût reçues du Grand Chapitre renfermaient, en termes ambigus, le contraire à peu près de ce qu'elles semblaient devoir prouver. De Hund déclarait d'ailleurs ne pas reconnaître l'obligation de se justifier, et ne pouvoir, en vertu de son serment, donner d'autres explications.

Cette déclaration, jointe à la nullité de sa patente, n'était pas faite pour dissiper les appréhensions d'hommes un peu clairvoyants. Aussi les membres du convent, en présence des contradictions et des récits invraisemblables de Stark, de Jacobi, de Prangen, de De Hund et de quelques autres, résolurent-ils de faire eux-mêmes leur enquête sur ces ténébreux récits et d'en finir avec ces S. I. dont on les bernait depuis si longtemps. En présence du lamentable abus fait de la confiance des frères, on était bien décidé à ne reconnaître désormais d'autres chefs que ceux qui auraient été l'objet d'un choix libre et à n'obéir à d'autres lois que celles que l'on aurait faites soi-même et qui auraient été adoptées à la majorité des voix.

Le rôle de De Hund était fini. Il abandonna son invention et se retira dans ses terres en laissant tous ses templiers en proie au plus grand trouble.

On conçoit que de tels éclaircissements n'étaient pas faits pour réjouir les membres de *La Bienfaisance* et en particulier Saint-Martin. Ce dernier, à qui le manuscrit du livre des « Erreurs et de la Vérité » avait rapporté quelque argent, quitta d'abord Lyon pour voyager en Italie. Puis, trouvant que l'hospitalité que lui donnait Willermoz lui créait de trop grandes obligations, et bien décidé, à la suite de quelques petits dissentiments maçonniques, à recouvrer sa liberté, il partit brusquement pour Paris. Nous le retrouvons dans cette ville au commencement de juillet, assez confus de sa fugue, consommant inutilement, comme il le dit lui-même, son temps et son argent, mais bien décidé à ne plus céder à Willermoz. Aux lettres de ce dernier il répond en se défendant d'avoir voulu critiquer la conduite du Grand-Maître provincial d'Auvergne, mais il désire vivre dorénavant chez lui et dans une complète liberté. Cependant il croirait exposer ses frères à des remarques très préjudiciables au bien de l'Ordre s'il quittait Lyon après avoir quitté la maison de Willermoz, et surtout si ses frères soupçonnaient la cause de sa fuite. Sa conscience est tranquille parce que, dit-il, « ses motifs sont purs et qu'il ne cherche que le bien de tous en cherchant le sien, car il n'y a qu'un seul point de réunion pour tous les hommes. » Ce passage est précieux parce qu'il renferme la thèse que le mystique Saint-Martin soutiendra durant toute sa vie, puisque nous retrouvons la même thèse dans cette note de lui, écrite quelques jours avant sa mort : « L'Unité ne se trouve guère dans les associations ; elle ne se trouve que dans notre jonction individuelle avec Dieu. »

Saint-Martin veut bien revenir à Lyon, mais c'est à la condition de vivre isolé. Si cela convient à Villermoz, il le prie d'aller lui louer une petite maison dans un endroit qu'il lui désigne, maison qui présentera les conditions requises pour ses opérations. Mais comme il ne faut pas que les frères s'étonnent de ce nouveau genre de vie, la chimie servira de prétexte : « Je paraîtrai, dit-il, y avoir pris un goût infini, désirer vivement d'être plus à portée de suivre M. Privat dans ses opérations, et pour cet effet avoir jugé nécessaire de prendre un logement dans ses cantons. »

On voit aisément qu'il s'agit ici non pas de chimie ou d'alchimie, mais bien d'opérations analogues sinon identiques à celles des *Élus-Coëns*. Nous disons « analogues sinon identiques » parce que nous croyons que Saint-Martin songeait déjà à cette époque à transformer les données de son ancien maître et à modifier le cérémonial des *Élus-Coëns* comme il le fit très certainement deux ans plus tard, ainsi que nous le verrons dans la suite (1).

Toujours est-il que les années qui suivirent apportèrent un grand changement dans les vues de Saint-Martin. De même que les premiers chrétiens étaient surpris des miracles d'Apollonius de Tyane ou de Simon le Magicien, de même Saint-Martin éprouvait quelque inquiétude des surprenantes opérations d'un Saint-Germain, d'un Schröder ou d'un Cagliostro, et commençait à regarder d'un œil soupçonneux les étranges manifestations de l'école de Martinès de Pasqually. Madame de La Croix, elle-même, cette grande admiratrice du livre « Des Erreurs et de la Vérité », qui en avait recueilli l'auteur à Paris, et chez laquelle Saint-Martin devait écrire une partie

---

(1) Voir à ce sujet la lettre écrite à Willermoz, le 30 juillet 1775. Cette lettre a été publiée intégralement, croyons-nous, dans l'*Initiation* d'octobre 1898, où elle est à peu près incompréhensible sans les présents commentaires.

de son « Tableau Naturel », n'était pas à l'abri de ses soupçons. Il est vrai que cette Madame de La Croix était assez inquiétante. Exorciste de possédés et trop souvent possédée elle-même, elle se vantait surtout d'avoir détruit un talisman de lapis-lazuli que le duc de Chartres avait reçu en Angleterre du célèbre Falk Scheck, grand rabbin des juifs, « talisman qui, disait-elle, devait conduire le prince au trône et qui fut brisé sur ma poitrine par la vertu de mes prières. » Elle et Saint-Martin cherchèrent à s'endoctriner et ne réussirent qu'à se brouiller.

C'est que Saint-Martin, comme en témoignent sa vie, ses ouvrages et sa correspondance, avait fort peu de considération pour les manifestations sensibles. D'où venait cette aversion ? Peut-être d'une certaine crainte, car il nous avoue lui-même qu'à l'école de Martinès de Pasqually il lui arrivait souvent « de laisser tomber son bouclier, ce qui faisait de la peine au maître. » Peut-être aussi de ce que lui-même n'était pas, selon ses propres expressions « assez avancé dans ce genre ni dans aucun autre genre actif. »

Il ressort, en effet, de tous les écrits de Saint-Martin, et cela suffirait à prouver qu'il n'avait pas reçu de Martinès de Pasqually une initiation complète, qu'il ne voyait aucun moyen physique de contrôle sur ce qu'il nomme le sensible, l'externe, le physique, etc., et que, ne pouvant reconnaître la véritable source des manifestations sensibles, il les dédaignait quand il ne les redoutait pas.

Nous ne rééditerons pas tout ce qui a été écrit à ce sujet par Saint-Martin ou par ses biographes et commentateurs, car ce serait outrepasser les bornes de notre travail. Nous nous bornerons à citer quelques lignes où se trouvent condensées toutes les raisons données par Saint-Martin : « Je dois ajouter que, si la « puissance mauvaise peut tout imiter, la puissance « bonne intermédiaire parle souvent comme la puis- « sance suprême elle-même. C'est ce qu'on a vu à Si- « naï, où les simples Élohim ont parlé au peuple « comme étant le seul Dieu, le Dieu jaloux (1). » Il est croyons-nous difficile d'aller plus loin que Saint-Martin dans la suspicion des phénomènes sensibles. Que prétend-il donc? Il prétend que le seul criterium de toute manifestation réside dans une conscience éclairée par la prière. C'est ce qu'il appelle la voie interne ou intérieure; voie en faveur de laquelle il combattra plus ou moins ouvertement, dès 1777, le cérémonial et les formules théurgiques dont faisaient encore usage les quelques temples *Élus-Coëns* du nord de la Loire, restés sous l'administration du Tribunal Souverain de Paris et sous la direction spirituelle du

---

(1) Voy. : Lettre à Kirchberger, publiée par MM. Schauer et Chuquet dans la « Correspondance inédite de Saint-Martin », p. 118.

Grand-Maître R. C. et Grand Souverain Caignet de Lestère (1), successeur de Martinès de Pasqually.

C'est ainsi qu'une scission ne tarda pas à se produire dans l'Ordre que Martinès avait si péniblement organisé ; certains disciples restant très attachés à tout ce que leur avait enseigné le Maître, tandis que d'autres, entraînés par l'exemple de Saint-Martin, abandonnaient la pratique active pour suivre la voie incomplète et passive du mysticisme.

La plupart des *Élus-Coëns*, placés entre la réforme négative préconisée par Saint-Martin, et les compromissions de Willermoz avec la *Stricte-Observance templière*, se découragèrent et se replacèrent sous leurs anciennes obédiences. Ainsi firent ceux de l'Orient de La Rochelle dont la patente constitutive n'est pas ratifiée au delà de 1776 ; ainsi firent ceux des orients de Libourne, de Marseille, etc.

Le duc de Chartres, lors du voyage triomphal qu'il entreprit dans le midi de la France, fut reçu avec de grands honneurs par les Directoires. Il visita loges et chapitres, et posa à Bordeaux la première pierre du nouveau temple de *La Française*. Ces manifesta-

---

(1) Et non Lester, comme l'écrit M. Papus qui, ne connaissant de l'existence des *Élus-Coëns* que ce que lui en ont appris quelques lettres de Martinès à Willermoz, a feint de croire que ce dernier était le successeur de Martinès de Pasqually.

tions étaient une suite de la diplomatie des quatre Directoires français, que menaient activement Bacon de la Chevalerie, Willermoz, l'abbé Rozier, Prothière et quelques autres. Les opérations de ces frères, bien que rendues difficiles par le régime étranger des directoires, régime en opposition avec les lois nationales de la Maçonnerie, qui prononcent l'irrégularité contre toutes les loges constituées sous des obédiences étrangères, avaient eu l'année précédente un commencement de succès.

Le Grand Président de la Chambre des Provinces du Grand Orient, l'abbé Rozier, avait réussi à faire accepter l'examen des propositions d'union présentées par les directoires templiers. Une commission composée des frères De Méry d'Arcy, d'Arcambal et Guillotin avait été nommée le 4 février 1775 pour examiner ces propositions d'union qui furent rédigées le 24 avril. On y disait « qu'il était de la justice du Grand Orient d'adopter ce traité parce que les droits de suprématie du Grand Orient lui étaient conservés, l'alliance étant proposée par les Directoires, lesquels se rendaient tributaires du Grand Orient. » Mais on insérait au traité que « les Directoires conserveraient l'administration de leur rite et de leur régime tout en ayant le droit de se faire représenter par des députés qui jouiraient de tous les droits et prérogatives des autres loges. » Ce traité fut scellé en 1776 par le voyage du Grand-Maître du Grand Orient, le duc de Chartres.

Cependant les protestations ne se firent pas attendre. Comme les loges de la correspondance du Grand Orient n'avaient pas été consultées, un grand nombre d'entre elles déclarèrent que le Grand Orient n'était pas autorisé à conclure ce traité. Elles alléguaient des faits graves contre la plupart des membres des Directoires, montrant que ces membres n'étaient que des ambitieux, des transfuges et des déserteurs du rite français, qui avaient essuyé les refus constants des loges régulières. Elles prétextaient surtout qu'il ressortait du traité que les Directoires deviendraient juges du Grand Orient dont les loges ne pourraient jamais juger la Stricte-Observance. La Grande Loge de Lyon, notamment, excita un violent orage au sein du Grand Orient. Son député, l'abbé Jardin, y donna lecture d'un mémoire extrêmement violent contre les Directoires templiers et dirigé contre le Grand Orateur, Bacon de la Chevalerie, qu'il dénonçait comme favorisant la politique de la *Stricte-Observance* au détriment du *Grand Orient*.

Mais il avait affaire à plus fort que lui. Bacon de la Chevalerie para le coup en faisant déférer le jugement au Grand-Maître lui-même, le duc de Chartres, qui signa, le 1er avril 1778, un décret par lequel il déclarait la Grande Loge de Lyon rayée de la correspondance du *Grand Orient*, si elle ne se rétractait dans un délai de quatre-vingt-un jours, suspendait l'abbé Jardin de toute fonction maçonnique pendant quatre-vingt-un mois, et ordonnait la destruction par le feu de tous les mémoires et pièces concernant cette affaire (1).

A ces mesures arbitraires, la Grand Loge de Lyon répondit qu'elle s'était décidée à agir par elle-même, parce que huit lettres où elle consignait les renseignements pris à Londres et à Berlin sur les Directoires de la *Stricte-Observance* avaient été laissées sans réponse par le grand Président de la Chambre des Provinces, l'abbé Rozier.

Bien que les intrigues des partisans de la *Stricte-Observance* fussent évidentes, la Grande Loge de Lyon se soumit. Mais cette affaire fut le signal d'une nouvelle campagne contre les Directoires templiers, qui fut menée très secrètement par un parti de maçons fort au courant de la politique de ces Directoires : *les Philatèthes*.

Ces maçons, dont la plupart avaient été membres fondateurs du *Grand Orient de France*, inquiets des menées de la *Stricte-Observance* dans le Grand Orient, établirent en 1773 un régime qu'ils opposèrent au

---

(1) Ces documents échappèrent à la destruction grâce aux *Philalèthes* dans les archives desquels ils figurent encore. Nous les publierons si cela est nécessaire.

régime templier. Ce fut le *régime des Philalèthes* ou des Amis de la Vérité. Ce régime adopta la politique de la Stricte Observance : restant en excellents termes avec le Grand Orient, dont tous ses membres faisaient partie, il n'admettait dans ses chapitres secrets aucun officier du Grand Orient qui ne fût lié au régime des *Philatèthes*. Une vingtaine de loges acceptèrent ce régime dont le directeur était le marquis Savalette de Langes, conseiller du roi, garde du Trésor Royal, Grand-Maître des cérémonies du Grand Orient de France, et Vénérable de la loge des *Amis réunis*, centre du régime.

Le régime des Philalèthes, très soigneusement recruté, comprenait presque tous les frères du Grand Orient instruits dans les sciences maçonniques. Ce fut « la brillante pléiade des Philalèthes », dans laquelle comptaient : le savant Court de Gébelin, célèbre par son gigantesque ouvrage « le Monde primitif comparé avec le Monde moderne », et secrétaire et député de la loge des *Neuf-Sœurs* ; Duchanteau, hébraïsant et kabbaliste, auteur d'un immense calendrier magique, et qui devait mourir des suites d'une expérience alchimique faite dans la loge des *Amis réunis* ; l'alchimiste Clavières, plus tard ministre des finances ; le baron de Gleichen, auteur du « Traité des hérésies métaphysiques », ministre plénipotentiaire de Danemark, et secrétaire du régime des Philalètes pour la langue allemande ; le président

De Héricourt ; le marquis de Chefdebien, secrétaire du régime, pour la langue française ; le vicomte de Tavannes, astrologue habile ; Quesnay de Saint-Germain, conseiller à la cour des aides et savant dans l'art magnétique ; l'archéologue Lenoir, undes fondateurs du régime ; De Chompré ; Roëttiers de Montaleau, maître des comptes et plus tard grand Vénérable du Grand-Orient ; les princes Louis et Frédéric de Hesse ; et aussi, plus tard, Randon de Lucenay et Gillet de Lacroix, physionomistes et graphologues ; le comte Alexandre de Stroganoff chambellan de l'impératrice de Russie, premier Expert du Grand-Orient et ex-membre du Directoire de Strasbourg ; De Beyerlé, conseiller au parlement de Nancy, ancien membre du prieuré de Metz, commandeur de la Stricte-Observance et un de ceux qui démasquèrent cet Ordre au convent de Wilhelmsbad, etc, etc. (1).

Ainsi que nous l'avons déjà dit, les frères *Philalèthes* avaient pris une part importante à la constitution du *Grand-Orient*. Leur propre président, Savalette de Langes, avait remis au duc de Luxembourg, en séance du 24 mai 1773, la lettre par laquelle Chaillon de Jonville, ancien Substitut général du feu

---

(1) C'est au *régime des Philalèthes* que Saint-Martin a emprunté le titre de *Philosophe Inconnu* dont il a signé ses deux premiers ouvrages ; mais il ne fit jamais partie de ce régime.

comte de Clermont, reconnaissait le Grand-Maître et l'administrateur général dans leurs nouvelles fonctions, et demandait des lettres patentes de Substitut honoraire. Tous les *Philalèthes* dépendaient du Grand-Orient pour les trois premiers degrés et pratiquaient en sus un système de neuf autres autres degrés : Élu, Écossais, Chevalier d'Orient, Rose-Croix, Chevalier du temple, Philosophe Inconnu, Sublime Philosophe, Initié et Philalèthe. Leur régime était tout l'opposé de celui de la *Stricte Observance templière* et très analogue à celui des *Élus Coëns*. Il laissait à ses membres la plus grande liberté d'examen, reconnaissait l'égalité de tous les degrés dans l'administration des loges symboliques, ne tenait aucun compte des distinctions purement nobiliaires, et soutenait l'unité administrative des rites et l'hégémonie des maçons français.

C'est pourquoi les *Philalèthes* entreprirent de neutraliser l'influence des membres et des officiers du Grand-Orient, affiliés à la Stricte-Observance (1), et, puisque les Directoires étaient parvenus à pénétrer au

---

(1) Rebold s'est mépris sur l'attitude des Philalèthes à l'égard du Grand-Orient : il a cru que les Philalèthes étaient ennemis du Grand-Orient. Jouaust a combattu cette opinion et a mieux compris la question en montrant que les Philalèthes, comme les Élus-Coëns, étaient opposés au système templier et qu'ils le firent réformer au convent de Lyon en 1778.

Grand-Orient, d'absorber ou de détruire ces Directoires.

L'année 1778, qui vit l'extraordinaire arrêt rendu par un parti du Grand-Orient contre la plus ancienne Grande Loge de son obédience au bénéfice d'un régime étranger, vit aussi le premier et le dernier convents que tinrent à Lyon les Directoires templiers d'Auvergne, d'Occitanie, de Bourgogne et de Septimanie, sous la présidence du Grand-Maître provincial d'Auvergne, J.-B. Willermoz, en vue d'examiner les divers moyens permettant une utilisation immédiate du traité passé avec le Grand-Orient de France.

Ce convent, qui devait manifester l'importance prise par la Stricte Observance et la Grande Loge de Brunswick dans les affaires du Grand-Orient de France, échoua par suite des manœuvres des *Philalèthes* auprès de la Grande Loge de Lyon et dans le Directoire même de Bourgogne. Paganucci, secrétaire général de la *Bienfaisance*, nous dit en effet (1) que les membres du Directoire de Bourgogne, au sein duquel les *Philalèthes* avaient de nombreux affiliés : De Beyerlé, de Stroganoff, Dièderichs, Haffner, de Saint-Évremond, etc, firent tous leurs efforts pour que la ridicule fable templière sur Pierre d'Aumont et ses compagnons fût supprimée. On préconisa diffé-

---

(1) Paganucci. Mém. pour serv. à l'Hist. de la Stricte Observance. M. 1788. pp. 35, 36.

rents systèmes, entre autres l'*Écossais rectifié suisse* de De Glayre, et celui dont faisaient usage depuis 1770 la loge et le chapitre de Saint-Théodore de Metz, sous le nom d'*Écossais rectifié de Saint-Martin*, que l'on attribue faussement, à cause d'une homonymie, à Louis Claude de Saint-Martin (1). Dans ce dernier système il est en effet question d'une légende chrétienne, celle du chevalier bienfaisant (le chevalier romain canonisé sous le nom de Saint Martin) de la cité sainte (Rome), légende qui est une sorte d'adaptation des vertus charitables de l'Hospitalier de la Palestine et qui, dans la circonstance, présentait le

---

(1) Tout le monde connaît l'histoire de ce chevalier romain qui, de son épée, coupa en deux son manteau et en donna une moitié à un pauvre. Il existe un grand nombre de systèmes écossais rectifiés. Les plus connus sont : l'Écossais rectifié de Dresde pratiqué en Allemagne avant l'établissement de la Stricte Observance; l'Écossais rectifié dit de Swedenborg; l'Écossais rectifié de De Glayre; l'Écossais rectifié de Tshoudy; et l'*Écossais rectifié de Saint-Martin*. La plupart des auteurs qui ont parlé de ce dernier l'ont attribué faussement à Louis Claude de Saint-Martin, et M. Papus n'a pas manqué de rééditer une erreur qui lui semblait servir sa thèse. Nous verrons d'ailleurs plus loin que Saint-Martin a pris la peine de réfuter une légende qui s'était répandue dans les divers milieux maçonniques et qui est reproduite sans examen dans les ouvrages de la plupart des historiens français et étrangers.

grand avantage d'échapper aux soupçons des gouvernements. Bode à prétendu en effet que la police lyonnaise demanda la suppression de la fable templière comme attentatoire à la sureté de l'état, et qu'elle avait menacé de fermer les loges des Directoires si ceux-ci ne renonçaient pas au système templier, que le gouvernement regardait comme une sorte de conspiration permanente contre les successeurs de Clément V et de Philippe le Bel.

S'il est impossible d'écarter le témoignage de Paganucci, il est fort difficile d'admettre l'histoire de l'intervention policière telle qu'elle nous est présentée. On se rend parfaitement compte que la suppression plus ou moins ostensible d'une fable de rituel n'aurait pu modifier en rien l'esprit politique des Directoires, si cet état d'esprit existait; et que, dans ces conditions, s'il y eut réellement intervention de la police, la suppression demandée sous couleurs politiques cachait très probablement une manœuvre de cette Grande Loge de Lyon condamnée six mois auparavant à propos du traité des Directoires. Il est clair que les droits de suprématie de la maçonnerie nationale devaient être quelque peu rétablis par le reniement apparent d'une partie du système de la direction de Brunswick. puisque ce reniement semblait séparer moralement les directoires français des directoires étrangers.

Quoi qu'il en soit, le fait est qu'après quelque discussions sur l'opportunité de la fable templière, on résolut de la supprimer et de la remplacer par quelque autre récit moins compromettant. Après examen de plusieurs systèmes parmi lesquels l'*Écossais rectifié de De Glayre*, que présentaient les loges de la Suisse française, et l'*Écossais rectifié de Saint-Martin*, que présentaient les députés de la province de Bourgogne, l'assemblée élabora le grade du « Chevalier bienfaisant de la cité sainte (1) », qui participe quelque peu de ces deux systèmes, en se bornant à établir la connexion avec l'ordre des anciens templiers par un enseignement historique dans le dernier des degrés qui constituaient l'ordre intérieur, celui d'Eques-professus ou de Grand Profès. Ce convent eut pour la Suisse un autre résultat : elle fut élevée au grade de sous-prieuré, mais demanda et obtint une indépendance absolue quant à la question financière et quant aux constitutions et aux réformes qu'elle jugerait à propos de faire dans son domaine.

Ces diverses décisions expliquent les soupçons des historiens maçonniques qui conclurent des opérations du convent de Lyon que le reniement du sys-

---

(1) Dit aussi *Chevalier de la Bienfaisance*. Ce grade se rapproche d'ailleurs davantage de l'hospitalier templier que du Chevalier bienfaisant de l'*Écossais de Saint-Martin;* mais après le convent de Wilhemsbad il inclinera vers l'*Écossais de Saint-André.*

tème templier avait été plus apparent que réel. Leurs soupçons sont d'autant mieux fondés que les provinces françaises, et en particulier celle d'Auvergne reçurent, comme par le passé, leurs instructions et leurs ordres de la Grande-Maîtrise de Brunswick.

D'ailleurs, et c'est ici l'occasion de le dire, car nous ne voudrions pas que l'on pût nous accuser de chercher à noircir les desseins de la Stricte-Observance, les Directoires templiers n'étaient point révolutionnaires. Leurs membres étaient des royalistes d'une espèce particulière dont la politique, la même en somme que celles des anciens templiers et des jésuites consistait surtout dans la mise en tutelle des princes et des souverains. La déposition du comte de Haugwitz, ministre d'état prussien, qui avait été chargé, dans l'ordre de la Stricte-Observance, de la direction particulière des frères templiers de Prusse, de Pologne et de Russie, en 1777, est formelle à cet égard : « Si je n'en avais pas fait moi-même l'expérience, dit-il, je ne pourrais donner d'explication plausible de l'insouciance avec laquelle les gouvernements ont pu fermer les yeux sur un tel désordre, un véritable *status in statu*. Exercer une influence dominante sur les trônes et les souverains, tel était notre but comme il avait été celui des chevaliers templiers (1). » Ils y

---

(4) De Haugwitz. *Mémoire* présenté au Congrès de Vérone.

parvinrent quelque peu, puisqu'en 1775 l'Ordre comptait déjà vingt-six princes (1); mais nous ne voyons pas que leurs formules de vengeance se soient exercées à d'autres dépens qu'à ceux de la mémoire du roi, du pape et des traîtres qui avaient causé la chute de l'ancien ordre des templiers. Bien plus, ils ne prirent aucune part au grand mouvement de 1789, car la Révolution ne pouvait mettre obstacle à leurs projets, et, s'ils ne la reniaient pas, ils estimaient que les temps n'étaient pas venus. C'est ce qui ressort clairement de ce passage du manifeste du duc de Brunswick, Grand-Maître de la *Stricte-Observance templière* :

« Le temps de l'accomplissement est proche ; mais
« sachez-le, cet accomplissement c'est la destruction.
« Nous avons élevé notre construction sous les ailes
« des ténèbres, pour atteindre le sommet d'où nous

---

(1) Bode qui, tout d'abord partisan de la Stricte-Observance, avait fini par comprendre que cet Ordre ne pouvait plus que compromettre la Franc-Maçonnerie, a écrit à ce sujet : « En vérité, qu'on s'imagine que le secret de cet Ordre vienne à la connaissance de ces Princes qui possèdent les anciens biens de l'Ordre et qu'ils croient qu'on voulût les leur arracher, et l'on se persuadera aisément que la Franc-Maçonnerie serait en grand danger d'être persécutée. » (Examen impartial du livre intitulé : « des Erreurs de la Vérité », 1781, MSS publié en 1791.)

« pourrions enfin plonger librement nos regards
« sur toutes les régions de lumière. Mais ce sommet
« est devenu inaccessible : l'obscurité se dissipe et
« une lumière, plus effrayante que l'obscurité même,
« vient soudain frapper nos regards. Nous voyons
« notre édifice s'écrouler et couvrir la terre de ruines ;
« nous voyons une destruction que nos mains ne
« peuvent plus arrêter. Et voilà pourquoi nous ren-
« voyons les constructeurs de leurs ateliers. Du der-
« nier coup de marteau nous renversons les colon-
« nes des salaires. Nous laissons désert le Temple
« détruit, et nous le léguons comme un grand-œuvre
« à la postérité, chargée de le relever de ses ruines
« et de l'amener à un complet achèvement. Les
« ouvriers actuels l'ont détruit, parce qu'ils ont hâté
« leur travail avec trop de précipitation. »

Il est assez difficile de se rendre compte des résultats qu'auraient put obtenir la *Stricte-Observance*
et sa chevalerie templière, si la Révolution n'avait
pas eu lieu. Les déclarations emphatiques, faites à
ce sujet, semblent manquer de fondement et être
aussi vides que cette Stricte-Observance, condamnée
à s'éteindre misérablement vingt ans après la Révolution.

Aussi ne voyons-nous dans le manifeste précédent
qu'une protestation de l'aristocratie, protestation
semblable à celle que le duc de Brunswick, chef des
armées coalisées contre la France, devait envoyer de

Coblentz à l'Assemblée législative et dont le ton insolent devait amener l'internement de Louis XVI au Temple. Mais n'anticipons pas. Si, comme l'a écrit Ferdinand de Brunswick, la Stricte-Observance templière avait été « élevée sous les ailes des ténèbres », elle devait effectivement tomber quand la lumière se manifesterait sur un système qui ne prêtait que trop aux soupçons, et que devaient définitivement compromettre ses rapports avec la *Société des Illuminés*. Ceci nous amène à dire quelques mots de cette société appelée à jeter un si grand discrédit sur la Maçonnerie tout entière.

La *Société des Illuminés* fut fondée vers 1776 par un certain Weishaupt, professeur à l'Université d'Ingolstadt en Bavière, homme plus illuminé qu'éclairé, mais dont on ne saurait nier le grand zèle pour le bien de l'humanité. Weishaupt profita de sa position de professeur pour réunir « privatissimè » ses auditeurs sous le prétexte d'une répétition. Il leur exposait le résultat de ses recherches philosophiques, les engageait à lire Bayle, Jean-Jacques Rousseau et autres auteurs, et les exerçait à considérer les événements de l'époque avec l'œil de la critique. Ensuite il leur recommandait expressément une grande prudence et une grande discrétion, leur promettait un degré de lumière plus élevé, leur donnait un nom de guerre et les nommait *illuminés*. Weishaupt, qui avait repris pour son compte l'idée des *Supérieurs Inconnus* de la Stricte-Observance, communiqua ses projets à quelques confidents dont il fit ses premiers apôtres sous nom d'aréopagites. Il convint avec eux qu'il serait le chef connu seulement des premiers disciples qui ne seraient eux-mêmes connus que de leurs disciples immédiats. Dans la suite, ce club d'étudiants prit de l'extension; des membres étrangers y furent admis, et Eichstdœt et Munich reçurent des institutions semblables.

Dans le principe, la Société exista sans aucun rapport avec la confrérie des francs-maçons, dont ni Weishaupt, ni les premiers membres ne faisaient partie. Mais en 1778, un affilié nommé Zwackh (Caton), qui avait été reçu maçon dans une loge d'Augsbourg et qui avait compris tout le parti que les *Illuminés* pourraient tirer de la multitude des francs-maçons répandus en Europe, proposa à Weishaupt d'entrer dans la confrérie franc-maçonnique. Weishaupt accepta avec empressement : « Que je vous dise une nouvelle, écrivait-il à un de ses affiliés; je pars pour Munich et vais me faire recevoir maçon afin de cimenter une alliance entre eux et nous. » Mais ce n'était pas une alliance que recherchait Weishaupt. Cette alliance était impossible, parce qu'elle aurait contredit les principes essentiels de la Franc-Maçonnerie. Weishaupt rêvait un accaparement. C'est en vain qu'on lui dit, lors de son initiation, que toute discusion politique était bannie des loges et qu'un véritable franc-maçon ne pouvait être hostile au gouvernement ou à la religion de son pays. Weishaupt savait ce que devenaient ces assurances dans son illuminisme; il crut aisément qu'il en serait de même chez les francs-maçons. Présenté sous les auspices de Zwackh à la loge *Théodore au Bon Conseil* de Munich, il y fut reçu, y fit recevoir bonnombre de ses affiliés et y recruta même quelques adhérents.

La loge *Théodore au Bon Conseil* avait été instituée à Munich en 1775 par la mère loge *Royal York à l'amitié* de Berlin. Elle avait pour vénérable, lors de la réception de Weishaupt, l'illustre professeur *Franz von Baader* qui était loin de prévoir les projets de Weishaupt et les funestes suites de son initiation.

Entré dans la Franc-Maçonnerie, Weishaupt commença ses manœuvres occultes et s'efforça d'y recruter dans le plus grand secret de nouveaux illuminés. Profitant des relations que les loges maçonniques ont entre elles, il ne tarda pas à s'affilier un grand nombre de maçons. Sa méthode était celle des Jésuites, dont il avait été l'élève. Elle consistait à chercher le point faible de celui dont il désirait l'affiliation; à ne point contrarier le futur illuminé dans ses opinions, sous réserve de l'amener lentement aux idées de la secte ou de s'en servir habilement si ses opinions étaient irréductibles : « Ainsi, a écrit Mounier, ceux des illuminés qui avaient des intentions pures, ou ne connaissaient pas les vraies opinions des fondateurs de cet Ordre, ou étaient comme eux égarés par une fausse doctrine. Ils leurs croyaient une morale austère, et devaient le penser, puisque ces derniers répétaient sans cesse que, pour être digne de contribuer au bonheur des hommes, il fallait avoir soi-même une vie irréprochable, que ce bonheur n'existait pas sans la vertu, et que la meilleure leçon qu'on pouvait en donner était celle de l'exemple. Ils ignoraient ce qu'on a su depuis, que Weishaupt et ses amis intimes se recommandaient d'agir avec dissimulation pour pouvoir mieux observer (1). »

C'est ainsi que Weishaupt réussit, sans se démasquer, à grouper dans ses *Illuminés* les hommes aux idées les plus disparates.

Ces hommes n'avaient pas hésité à compter parmi les Illuminés quand on leur avait dit qu'il s'agissait « d'intéresser l'humanité au perfectionnement de son intelligence, de répandre les sentiments humains et sociaux, d'arrêter et d'empêcher les mauvais desseins dans le monde, etc, etc » ; mais ils eussent été

---

(1) Mounier : *De l'influence attribuée aux Illuminés sur la Révolution de France*, p. 192. Nous nous plaisons à citer ici Mounier, parce que cet auteur est le seul qui se soit efforcé, avec la plus grande impartialité, de défendre les Illuminés.

fort surpris de se trouver ensemble. C'est pourquoi nous trouvons parmi les Illuminés : l'évêque Häfelin (Philon), le professeur Franz von Baader (Celse), le fameux « éclaireur » Nicolaï (Lucien), le baron ministre Waldenfels (Chabras), les princes Louis, Ernest et Auguste de Saxe-Gotha et Charles Auguste de Saxe-Weimar (Timoléon, Walther et Eschyle), Théodore de Dalberg, prince évêque de Constance (Bacon), et même le duc Ferdinand de Brunswick (Aron) grand-maître de la Stricte-Observance Templière, Zimmernann, Dietrich, de Mirabeau, etc, etc. Une telle société, qui aurait pu vivre sous un régime franc-maçonnique, ne pouvait subsister comme secte. Si l'on ajoute à cet élément de destruction le germe plus dangereux qu'apportait une foule d'affiliés incapables et indignes, qui fondaient sur la Société des *Illuminés* toutes sortes d'espérances égoïstes ou exagérées et la couvraient d'opprobre, tristes adeptes dont quelques uns, comme l'indiquent les actes d'informations, avaient des tendances positivement mauvaises, parce qu'ils n'entendaient sous le nom de lumière rien autre chose que l'acquisition des moyens de saper l'ordre établi et de répandre de vagues doctrines, et dont d'autres faisaient écrire à Weishaupt : « Je suis privé de tout concours. Socrate (1), qui serait un homme précieux, est constamment ivre ;

---

(1) Le juriste Bauer.

Auguste a la plus mauvaise réputation; Alcibiade (1) reste toute la journée installé aux côtés de l'hôtesse pour laquelle il soupire, etc », on comprendra sans peine qu'avec de tels S. I., la société de Weishaupt devait fatalement s'écrouler dès que les ténèbres dont s'entouraient les fondateurs commenceraient à se dissiper. Weishaupt le sentait bien, et, dans une autre lettre où il parle de Merz (Tibère), qui avait tenté un crime de viol : « Que dirait notre Marc-Aurèle (M. Feder), dit-il, s'il savait à quelle race de débauchés et de menteurs il s'est associé? N'aurait-il pas honte d'appartenir à une Société dont les chefs promettent de si grandes choses et exécutent si mal le plus beau plan ? » Nous verrons plus loin comment l'écroulement se produisit. Mais à l'époque où nous sommes, en 1778-1779, les ténèbres n'étaient pas encore dissipées, et Weishaupt était parvenu à réunir plus de six cents affiliés, tant dans le monde profane que dans les divers systèmes maçonniques de l'Allemagne, en particulier dans la *Stricte-Observance*, qu'il désirait vivement gagner à ses sujets pour pénétrer ensuite en France.

Mais revenons aux *Élus-Coëns*, à Willermoz et à Saint-Martin, que toutes ces digressions sur la politique des *Philalèthes* et des Directoires de la *Stricte-Observance* au sein du Grand-Orient, ainsi que sur la

---

(1) Hoheneicher de Freising.

formation de la Société des *Illuminés,* nous ont forcés de négliger quelque peu.

Nous avons vu comment, dès la mort de Martinès de Pasqually en 1774, plusieurs scissions s'étaient produites dans l'ordre des *Élus-Coëns.* Parmi ces derniers, les uns s'étaient ralliés, avec Willermoz, à l'ordre de la *Stricte-Observance* templière, tandis que d'autres continuaient leurs travaux sous la direction du *Tribunal Souverain* de Caignet de Lestère, successeur de Martinès de Pasqually (1), et que Saint-Martinès cherchait de son côté à se libérer des compromissions de Willermoz, au bénéfice d'un mouvement qui n'apparaît pas encore très nettement mais qui va se préciser dans la suite.

Ces diverses scissions devaient s'accentuer de plus en plus. C'est que le Grand-Souverain des *Élus-Coëns,* Caignet de Lestère, étant mort le 19 décembre 1778 (2) après avoir transmis ses pouvoirs au T.P.M.

---

(1) Il est remarquable que M. Papus, qui connaissait cependant l'existence d'un successeur légitime de Martinès de Pasqually, ait gardé à son égard un silence prudent. Par contre, le même auteur s'est efforcé de faire de Willermoz l'unique successeur (?) de Martinès : *Is fecit qui prodest.*

(2) Quand la nouvelle de cette mort parvint en France, beaucoup de personnes crurent qu'il s'agissait de Martinès de Pasqually; c'est pourquoi la date 1778 est don-

François Sébastien de Las Casas (1), ce dernier ne jugea pas à propos de renouer les relations rompues par les événements des quatre dernières années. Quant à Saint-Martin, après être resté quelque temps avec l'Ordre des *Élus-Coëns*, il devait s'en détacher définitivement à la suite des événements que nous allons raconter.

On a prétendu que Saint-Martin, ayant à porter son action au loin (?), « avait été obligé de faire certaines réformes » dans l'Ordre des *Élus-Coëns* (2). Le mot est joli ; mais, outre que l'on ne voit pas en vertu de quelle autorité Saint-Martin prétendait réformer un Ordre dont, pas plus que Willermoz, il n'avait la direction, nous montrerons, puisque l'on nous y contraint, le piteux résultat de ces tentatives de réforme.

En effet, à partir de 1778, Saint-Martin ne dissimule plus ses véritables intentions. Elles transparaissent clairement de quelques lignes de son « Por-

---

née par plusieurs auteurs comme celle de la mort de Mar...nès.

(1) M. Papus, qui s'est abstenu de parler de Caignet de Lestère, dont il orthographie le nom « de Lester » n'a pas même soupçonné l'existence de Sébastien de Las Casas.

(2) Voyez : Papus, *Martinisme et Franc-Maçonnerie* Paris, Chamuel. 1899, p. 20.

trait » écrites au sujet des *Élus-Coëns* de Normandie : Dumainiel, Wuherick, De Varlette, Felix, Duval, Frémicourt, etc.

« Frémicourt, écrit-il, est un de ceux qui a été
« (sic) le plus loin dans *l'ordre opératif. Mais il*
« *s'en est retiré par le pouvoir d'une action bien-*
« *faisante qui l'a éclairé.* Je n'étais pas assez
« avancé dans ce genre ni dans aucun autre
« genre actif, pour faire un grand rôle dans
« cette excellente société, mais on y est si bon
« qu'on m'y a accablé d'amitiés. »

Cette action bienfaisante ne serait-elle pas celle de Saint-Martin ? Cela ne paraîtra pas impossible quand on aura confronté ces lignes avec celles écrites par Saint-Martin au sujet d'une visite aux *Élus-Coëns* de Versailles :

« Pendant le peu de séjour que j'ai fait dans
« cette ville de Versailles, j'y ai connu MM. Ro-
« ger, Boisroger, Mallet, Jance, Mouet. Mais la
« plupart de ces hommes avaient été *initiés par*
« *les formes. Aussi mes intelligences étaient-elles*
« *un peu loin d'eux.* Mouet est un de ceux qui
« étaient les plus propres à les saisir. »

La confrontation des deux passages précédents nous montre déjà clairement l'opposition faite par Saint-Martin de ses *intelligences* à *l'ordre opératif*, au *genre actif* et à *l'initiation par les formes* des *Élus-Coëns*.

M. Matter, qui avait constaté, dans des fragments

de procès-verbaux des *Élus-Coëns* de Versailles, « une sorte de terminologie analogue à celle des loges maçonniques », avait interprété l'expression « initiés par les formes » par : « *initiés par des cérémonies extérieures*, cérémonies peut-être trop analogues à celles des loges qui lui donnaient si peu de satisfaction (1). » On voit que la véritable interprétation est : *initiés par les manifestations sensibles obtenues au moyen de cérémonies*.

Deux lettres extraites de la correspondance du P. M. Salzac, de Versailles, vont nous montrer que notre interprétation est réellement la bonne ; car cette visite aux *Élus-Coëns* de Versailles, sur laquelle Saint-Martin glisse si rapidement dans les notes de son « Portrait » qu'il oublie de mentionner le nom même du frère Salzac, nous est racontée en détail par ce dernier dans une curieuse lettre dont voici la teneur :

> « Très Haut, Très Respectable et Très Puis-
> « sant Maître, voici du travail de M. l'abbé,
> « qui pourra vous présenter quelque intérêt.
> « On ne sait encore quel volume cela aura, à
> « cause du développement que l'on peut don-
> « ner à une telle matière. Vous m'en donnerez

---

(1) Voyez : Matter, *Saint-Martin*. Paris, Didier. 1862, p. 94.

« votre avis et, si cela vous agrée, je pourrai
« vous faire passer quelque autre chose avec
« les instructions du 15 (1).

« Je vous renvoie le billet de M. de Las Cases ;
« il a sa place marquée chez vous, tout de
« même que les petites histoires que je vous ai
« envoyées de Londres. Je n'en avais aucune
« explication quand M. de Saint-Martin est venu
« me voir, ce dont il faut que je vous fasse le
« conte. Comme il n'a pas cru devoir me con-
« fier qui l'a poussé dans ces vues, non plus
« qu'au frère Mallet qui était présent, je vous
« serai reconnaissant de nous instruire là-des-
« sus, si toutefois je ne vous apprenais rien.

« Il paraît d'après ce T. P. M. que nous som-
« mes dans l'erreur et que toutes les sciences
« que Don Martinès nous a léguées sont pleines
« d'incertitudes et de dangers, parce qu'elles
« nous confient à des opérations qui exigent
« des conditions spirituelles que nous ne rem-
« plissons pas toujours. Le frère Mallet a ré-
« pondu que, dans l'esprit de Don Martinès, ses
« opérations étaient toujours de moitié pour
« notre sauvegarde, soit deux contre deux, pour

---

(1) Ce premier alinéa n'a pas d'importance ici. Il a trait à quelques feuillets manuscrits du frère Fournié, dont nous reparlerons à l'occasion.

« parler comme notre maître, et que par con-
« séquent si peu que nous fissions pour remplir
« la cinquième puissance que l'adversaire ne
« peut occuper, nous étions assuré de l'avan-
« tage. Mais le T. P. M. de Saint-Martin se tient
« à cette dernière puissance et néglige le reste,
« ce qui revient à placer le coche devant les
« quatre chevaux (1).

« Nous lui avons fait observer que rien n'au-
« toriserait jamais des changements semblables
« ou plutôt suppressions; que nous avions tou-
« jours opéré ainsi avec Don Martinès lui-même,
« et que pour le présent nous n'avions qu'à
« nous louer de ses instructions. Je vous fais
« grâce du reste et des remarques peu aimables
« du frère Mallet.

« M. de Saint-Martin ne donne aucune expli-
« cation; il se borne à dire qu'il a de tout ceci

---

(1) C'est en effet ce dont ne s'aperçoit pas Saint-Martin, chez lequel ces inconséquences sont assez fréquentes. Nous en retrouvons un exemple dans la deuxième de ses cinq règles : « Conduis-toi bien; cela t'instruira plus dans la sagesse et dans la morale que tous les livres qui en traitent. » Règle qui, ainsi que l'a déjà fait remarquer M. Matter, paraît offrir une sorte d'inconséquence en demandant qu'on se conduise bien avant d'avoir appris l'art de se bien conduire.

« des notions spirituelles dont il retire de bons
« fruits ; que ce que nous avons est trop com-
« pliqué et ne peut être qu'inutile et dangereux,
« puisqu'il n'y a que le simple de sûr et d'in-
« dispensable. Je lui ai montré deux lettres de
« Don Martinès qui le contredisent là-dessus,
« mais il répond que ce n'était pas la pensée
« secrète de D. M.; que la lumière se fera en
« nous sans qu'il soit besoin de tout cela et que
« nos bonnes intentions sont les plus surs ga-
« rants de sécurité.

« Qu'objecter à cela sinon ce qu'a toujours
« dit le Grand-Souverain, ce qu'il nous a prouvé
« par ses actes et ce que nous prouvent tous
« nos travaux. Pour conclure nous lui avons
« fait entendre que nous étions peu déterminés
« à le suivre dans sa voie. Au bout de quatre
« heures il est parti fort mal content (1). »

Cette lettre n'a pas besoin de commentaires. Elle éclaire suffisamment ceux de M. Matter sur l'*initiation par les formes*. Nous devons ajouter que nous ne saurions voir dans la démarche de Saint-Martin autre chose que le mouvement que lui dictait sa cons-

---

(1) Lettre inédite au frère Frédéric Disch, de Metz. Anciennes archives Villaréal. E. VI.

cience. Ses idées ont fort peu varié à ce sujet puisqu'en 1792 il écrivait encore :

« Je ne regarde tout ce qui tient à ces voies
« extérieures que comme les préludes de notre
« œuvre, car notre être, étant central, doit trou-
« ver dans le centre où il est né tous les secours
« nécessaires à son existence. Je ne vous cache
« pas que j'ai marché autrefois par cette voie
« féconde et extérieure qui est celle par où l'on
« m'a ouvert la porte de la carrière; celui qui
« m'y conduisait avait des vertus très actives,
« et la plupart de ceux qui le suivaient avec
« moi ont retiré des confirmations qui pou-
« vaient être utiles à notre instruction et à notre
« développement. Malgré cela, je me suis senti
« de tout temps un si grand penchant pour la
« voie intime et secrète, que cette voie exté-
« rieure ne m'a pas autrement séduit, même
« dans ma plus grande jeunesse ; car c'est à
« l'âge de vingt-trois ans que l'on m'avait tout
« ouvert sur cela : aussi, au milieu de choses
« si attrayantes pour d'autres, au milieu des
« moyens, des formules et des préparatifs de
« tout genre, auxquels on nous livrait, il m'est
« arrivé plusieurs fois de dire à notre maître :
« Comment, maître, il faut tout cela pour le
« bon Dieu? et la preuve que tout cela n'était
« que du remplacement, c'est que le maître

« nous répondait : Il faut bien se contenter de
« ce que l'on a (1). »

On ne peut donc reprocher à Saint-Martin que d'avoir trop facilement oublié que les voies extérieures lui avaient « ouvert la porte de la carrière. »

La réponse à la lettre du frère Salzac est malheureusement perdue. Cependant la seconde lettre de ce frère va nous donner quelque idée de cette réponse et nous révéler en même temps le fâcheux résultat des tentatives de Saint-Martin auprès de certains *Élus-Coëns*. De cette lettre, qui est datée du 3 février de l'année suivante, nous extrayons le passage suivant :

« ... En attendant, c'est avec une satisfaction
« bien vive que j'ai appris qu'il n'y avait rien
« de vous dans les propositions du T. P. M. de
« Saint-Martin. Il y a trois mois que j'ai reçu
« confirmation du P. M. de Calvimont et de
« quelques autres frères de L... que ce T. P. M.
« n'avait aucun droit ni pouvoir à cet égard.
« Ces frères sont très attristés de la méchante
« posture où les mettent depuis deux ans des

---

(1) Extrait d'une lettre au baron de Liebisdorf publiée par MM. Schauer et Alp. Chuquet. Voyez : Correspondance inédite de L. C. de Saint-Martin, Paris, Dentu. 1862, p. 15.

« nouveautés que j'ai toujours jugées peu con-
« venables à notre bien.

« Tout est venu confirmer mes craintes, en
« ce que la reprise de leurs anciens travaux ne
« leur a donné aucun des fruits qui faisaient
« autrefois leur joie : Bien au contraire. Je n'ose
« écrire que nous avons été la risée de nos en-
« nemis; mais il me faut bien rendre à l'évi-
« dence. Il semblerait que leur conduite ait
« profondément irrité nos majeurs et que les
« liens qui nous unissaient aient été rom-
« pus.

« Voici donc la belle besogne de M. de Saint-
« Martin. Ils ont été dans cette malheureuse
« affaire les victimes de leur confiance dans un
« frère dont tous nous louons la vertu, mais
« dont les grands avantages d'esprit prévalent
« trop sur une juste estimation de nos besoins
« et sur une naturelle équité. Aujourd'hui il est
« notoire que les séduisantes propositions de
« ce T. P. Maître n'étaient que les fruits d'un
« esprit mieux intentionné que mûri, et que les
« intelligences qu'il en avait reçues n'étaient
« qu'une nouvelle machination de notre en-
« nemi. *Latet anguis in herba*, et il a toujours
« une astuce prête, comme dans le récit que
« vous me faites si agréablement de votre cor-
« deau dont j'aurais préféré une division par

« huit, ou par quarante-huit, ce qui est encore
« mieux à mon avis.

« Pour conclure ils sont conseillés de s'adres-
« ser au Grand-Souverain (1), qui doit être de
« retour si j'en crois des nouvelles de Rouen,
« car le P. M. Substitut n'a rien voulu faire.

« Pensez à moi pour votre cordeau.

« Votre très fidèle et dévoué frère.
SALZAC (2). »

Cette seconde lettre est plus sévère pour Saint-Martin. Elle nous montre qu'un certain nombre d'*Élus-Coëns* avaient été séduits, dès 1777, par les propositions d'un frère dont, comme le dit Salzac, tous louaient la vertu, et que ces *Élus-Coëns* se trouvaient par suite en « méchante posture » puisque, peu satisfaits sans doute des « fruits » promis par Saint-Martin, ils avaient voulu reprendre leurs anciens travaux et n'obtenaient plus « aucun des fruits qui faisaient autrefois leur joie. » Mais passons.

Ce qu'il est intéressant de constater, c'est que la recherche de la voie centrale, la communication de

---

(1) Ce Grand-Souverain est le successeur de Caignet de Lestère, M. de Las Casas, dont le frère Salzac a cru devoir franciser le nom dans sa première lettre.

(2) Lettre inédite au frère Frédéric Disch, de Metz. Anciennes archives Villaréal, E. VII.

ses intelligences et le rejet des cérémonies et des manifestations sensibles qui accompagnaient ces cérémonies constituaient les points les plus essentiels de la mission de Saint-Martin.

Comme l'a écrit M. Matter, ce qui caractérise bien l'ère où Saint-Martin entra dès qu'il fut séparé de son maître, c'est qu'il attacha le plus grand prix et appliqua toutes ses facultés à cette œuvre où les formes font place au recueillement, les cérémonies et les opérations extérieures à la méditation, à l'élévation vers Dieu et à l'union avec lui. Il ne veut plus d'assujettissement aux puissances et aux vertus de la région astrale. A cet apostolat dans les voies extérieures il consacre son existence et dévoue toute son ambition. Il veut y réussir. S'il veut plaire, ce n'est pas pour sa personne; c'est pour ses desseins de conquête, de vie spirituelle, qu'il recherche le grand monde. Il ne s'agite pas. Dieu seul est sa passion, mais il est aussi la passion de Dieu. Il le dit, car il n'a pas mauvaise opinion de sa personne. Au contraire. Il pense, par exemple, que sa parole directe gagnera plutôt les âmes que tout autre moyen (1).

C'est pourquoi nous le voyons s'éloigner de plus en plus des réunions maçonniques et des initiations à la vertu desquelles il ne croit plus. On le voit

---

(1) Matter, *Saint-Martin le philosophe inconnu*, p.

se livrer à de véritables impatiences quand on lui parle de loges; et, quant aux traditions et initiations, « elles ne peuvent, dit-il, nous répondre de nous mener aux communications pures parce qu'il n'y a que Dieu seul qui les donne. » Il ne changera pas puisque vingt ans plus tard, en 1797, nous le voyons encore répondre de fort mauvaise grâce à un correspondant qui lui demandait des explications sur certains points d'un de ses premiers ouvrages :

« La plupart de ces points tiennent précisé-
« ment à ces initiations par où j'ai passé
« dans ma première école, et *que j'ai laissées
« depuis longtemps* pour me livrer à la seule ini-
« tiation qui soit vraiment selon mon cœur. Si
« j'ai parlé de ces points-là dans mes anciens
« écrits, ç'a été dans l'ardeur de cette jeunesse,
« et par l'empire qu'avait pris sur moi l'habi-
« tude journalière de les voir traiter et préconi-
« ser par mes maîtres et mes compagnons. Mais
« je pourrais, moins que jamais, aujourd'hui,
« pousser loin quelqu'un sur un article, vu que
« *je m'en détourne de plus en plus* (1). »

---

(1) Extrait d'une lettre au baron de Liebisdorf. Voyez : *Correspondance inédite...* p. 322.

A la lecture d'une telle déclaration on comprend combien il est puéril de soutenir que Saint-Martin est le continuateur de Martinès de Pasqually.

A la vérité on peut dire que Saint-Martin n'a jamais eu le sens de la méthode initiatique. Il est convaincu et cela lui suffit pour croire qu'il convaincra aisément les autres. Dans son apostolat il abandonne rapidement ceux qui font quelques difficultés pour « partager ses objets ». Il les considère comme des « passades », et ne s'aperçoit pas que toute sa mission consiste à rechercher des gens qui pensent comme lui. Aussi sa vie est-elle bien différente de celle de Martinès de Pasqually. Alors que ce dernier initiait lentement et dans le plus grand secret, Saint-Martin, qui n'initie personne et qui n'a rien à cacher, multiplie ses voyages et opère au grand jour dans la société la plus mondaine. C'est ce qui a fait écrire à M. Matter : « Le fait est qu'ils étaient plus d'accord à l'origine que sur la fin, et plus ils seraient restés ensemble, moins ils se seraient rapprochés. Le disciple différait singulièrement du maître. Loin de vouloir à son exemple cacher sa vie et végéter dans des assemblées mystérieuses, le Philosophe Inconnu aspirait en réalité à être le philosophe connu (1). »

Si son ancien maître est un véritable théurge, Saint-Martin est bien un mystique contemplatif à qui répugne tout genre actif (2) ; ou plutôt, c'est un

---

(1) Matter : *Saint-Martin, le philosophe inconnu*, p. 73.
(2) Jouaust, qui a d'ailleurs pour Saint-Martin l'estime que ce dernier mérite, s'est parfaitement rendu compte

théosophe à la manière de Priscus de Molosse. L'astral l'effraie ; il en écarte soigneusement ses auditeurs et ses lecteurs. Lui-même se félicite d'avoir si peu d'astral ; et, quant aux opérations théurgiques : « Je suis bien loin, dit-il, d'avoir aucune virtualité dans ce genre, car mon œuvre tourne tout entier du côté de l'interne (1). »

Nous avons déjà dit quelques mots de cet interne ou voie intérieure. Certains termes des lettres du frère Salzac nous obligent à y revenir parce qu'il est intéressant de savoir quelle était la théorie de cette voie intérieure et quels en étaient les « fruits ». Pour élucider aussi brièvement que possible ces deux points, nous nous bornerons à citer un passage d'une lettre de Saint-Martin, datée de 1793, et postérieure, par conséquent, de quinze ans à ses tentatives de réforme : « Tout dépend de l'unique nécessaire, de la nais-
« sance du Verbe en nous. J'ajouterai mon opinion
« personnelle ; c'est que ce centre profond ne produit
« lui-même aucune forme physique ; ce qui m'a fait
« dire dans l' « Homme de désir », que l'amour intime
« n'avait point de forme, et qu'ainsi nul homme n'a

---

de son genre d'esprit en écrivant que « Saint-Martin se sépara de Martinès de Pasqually lorsqu'il eût reconnu que les procédés théurgiques du juif portugais étaient trop violents pour sa théosophie délicate et rêveuse. »

(1) Voyez : lettre à Kirchberger, 26 janvier 1794.

« jamais vu Dieu. Mais ce Verbe intime, quand il est
« développé en nous, influe et actionne toutes les
« puissances de secondes, troisièmes, quatrièmes,
« etc., et leur fait produire leurs formes, selon les
« plans qu'il a à notre égard : voilà à mon avis la
« seule source des manifestations. » Et il ajoute :
« Ce que j'ai eu par ce centre *se borne à des mouve-*
« *ments intérieurs délicieux, et à de bien douces intelli-*
« *gences* qui sont parsemées dans mes écrits soit im-
« primés, soit manuscrits. Je suis bien loin d'être
« fort avancé dans ce centre que j'ai plutôt aperçu
« que touché ; aussi n'y suis-je pas demeuré fixé
« comme j'espère le devenir un jour par la grâce de
« Dieu. J'ai eu du physique aussi depuis ces affec-
« tions centrales, mais en moindre abondance que
« lorsque je suivais les procédés de mon école ; et
« encore lors de ces procédés de mon école j'avais
« moins de physique que la plupart de mes cama-
« rades. Car il m'a été aisé de reconnaître que ma
« part a été plus en intelligence qu'en opération (1). »

Ces « douces intelligences » nous les retrouvons en
effet dans les pages de son « Homme de désir », de
son « Nouvel Homme » ou de son « Ministère de
l'Homme esprit ». Quant au « physique » dont il
nous parle comme d'une suite de ses « affections

---

(1) Lettre à Kirchberger, 24 avril 1793. Voyez : ouvrage déjà cité.

centrales » il en reste quelque trace dans les pages plus intimes de son « Portrait », autobiographie dont le manuscrit n'a pas encore été publié intégralement. C'est ainsi que nous savons que, étant au Luxembourg, vers 1779, il eut une vision dans laquelle figuraient Moïse, la sœur de Moïse et une troisième personne : « L'obscurité régnait sur le globe ; l'herbe
« séchait sur la terre ; les animaux hurlaient. Moïse,
« sa sœur et une autre personne que je connais, se
« portaient successivement vers les quatre points de
« l'horizon. La troisième personne priait beaucoup et
« obtint par là d'être préservée des maux dont l'uni-
« vers était menacé. » Le récit de cette vision est une application du passage mentionné plus haut, dans lequel Saint-Martin expose que le Verbe intime agit sur les Puissances et leur fait produire leurs formes selon les plans qu'il a à notre égard.

Mais en voilà assez sur la « voie intérieure. » Nous croyons avoir suffisamment prouvé que Saint-Martin s'est bien définitivement séparé du rite des *Élus-Coëns*. Dans notre précédente Notice, nous avions pensé que les faits acquis et la correspondance, connue de Saint-Martin, nous permettaient de négliger les citations. Nous n'en avions fait qu'une. Encore avait-elle pour but d'établir, qu'à l'âge de cinquante-trois ans, c'est-à-dire sept ans avant sa mort, Saint-Martin, retrouvant tous les jours dans les ouvrages de son « chérissime Boehme » les don-

nées des Élus-Coëns, laissait sa pensée revenir en arrière, vers cette école de Bordeaux dans la loge de laquelle s'étaient écoulés cinq ans de sa jeunesse et dont il avait abandonné trop légèrement les travaux. Voici en effet ce qu'il écrivait : « Notre pre-
« mière école a des choses précieuses. Je suis même
« tenté de croire que M. Pasquallis (*sic*) dont vous
« me parlez et qui, puisqu'il faut le dire, était notre
« maître, avait la clef active de tout ce que notre
« cher Boehme expose dans ses théories, mais qu'il
« ne nous croyait pas en état de porter ces hautes
« vérités. Il avait aussi des points que notre ami
« Boehme ou n'a pas connus, ou n'a pas voulu
« montrer, tels que la résipiscence de l'être pervers,
« à laquelle le premier homme aurait été chargé de
« travailler (1); idée qui me paraît encore digne du
« plan universel, mais sur laquelle, cependant, je
« n'ai encore aucune démonstration positive ex-
« cepté par l'intelligence. Quant à Sophia et au Roi
« du monde, il ne nous a rien dévoilé sur cela et
« nous a laissé dans les notions ordinaires, etc.,
« etc. » Et plus loin : « Il résulte de tout ceci que
« c'est un excellent mariage à faire que celui de
« notre première école et de notre ami Boehme.
« C'est à quoi je travaille; et je vous avoue franche-

---

(1) Voyez : *Traité de la Réintégration des Êtres*, de Martinès de Pasqually, publié dans le volume 5, première série de la Bibliothèque Rosicrucienne.

« ment que je trouve les deux époux si bien parta-
« gés l'un et l'autre, que je ne sais rien de plus ac-
« compli ; ainsi prenons en ce que nous pourrons :
« je vous aiderai de tout mon pouvoir » (1).

Il est difficile de voir dans ce passage autre chose que ce qui s'y trouve, une sorte de collation tentée par Saint-Martin des théories de Boehme et de celles de sa première école : « Prenons en ce que nous pourrons, » dit-il. Si l'on remarque que ce passage est du 11 juillet 1796 on pourra s'étonner que l'un de nos critiques n'ait pas hésité à s'appuyer sur lui pour attaquer ce que nous avions écrit du mouvement séparatiste commencé par Saint-Martin dès 1777. Ce critique aurait pu se donner la peine de prendre connaissance de la lettre postérieure, du 19 juin 1797, dans laquelle Saint-Martin dit au baron de Liebisdorf « *qu'il a laissé depuis longtemps les initiations de sa première école pour se livrer à la seule initiation qui soit vraiment selon son cœur* ».

Le fait est que Saint-Martin s'intéressa de moins en moins à ces initiations et à ces opérations auxquelles on l'avait « livré » si longtemps. Bien plus, il ne cessa jamais de les proscrire, et fut en somme un irréductible adversaire de ce que l'on appelle : *sciences occultes*.

De leur côté, les *Élus-Coëns*, restés fidèles aux

---

(1) Lettre à Kirchberger, 11 juillet 1796.

sciences maçonniques, furent naturellement aussi peu satisfaits d'une propagande qui ébranlait la confiance des émules dans les travaux traditionnels que de l'attitude prise par Willermoz dans les affaires de la *Stricte-Observance.* Ils en écrivirent le 16 août 1780 au Grand-Souverain De Las Casas, successeur de Caignet de Lestère. Ils lui rappelaient la lettre du *Tribunal-Souverain*, restée sans réponse par suite de la mort du frère Caignet, et lui demandaient de prendre quelques mesures en vue de sauvegarder les intérêts des divers orients, puisque certains frères, abusant des égards qu'on leur avait toujours témoignés, cherchaient à faire prévaloir leurs vues particulières dans les travaux des temples et ne craignaient pas d'immiscer d'autres puissances dans les affaires de l'Ordre. Ils insistaient surtout sur la nécessité où on les mettait de prendre position dans la politique maçonnique à cause de la situation fausse où les plaçaient les intrigues du frère Willermoz. A cette lettre étaient joints trois procès-verbaux détaillés des faits que nous avons exposés, et des documents antérieurs à 1760 dont nous n'avons pas à parler ici, mais qui appuyaient une requête présentée par huit orients du Royaume (1).

---

(1) Nos lecteurs nous excuseront de ne pas publier ici toutes ces pièces. Ces documents et quelques autres qui ne pouvaient trouver place dans cette notice déjà si lon-

De Las-Casas, qui était à cette époque à Bologne, en Italie, où il avait été obligé de se rendre pour diverses affaires, répondit quelques mois après par une longue lettre dans laquelle il examinait successivement les plaintes et les demandes qui lui avaient été adressées. Au sujet des premières : « Je ne veux, « disait-il, que me conformer aux principes de mes « devanciers. C'est la conduite la plus sage ; c'est « celle que me dictent mes propres engagements. « Tous nos sujets sont libres, et, s'ils viennent à « manquer aux choses de l'Ordre, ils se rendent à « eux-mêmes une justice pleine et entière puisqu'ils « se privent de tous les avantages qui accompagnent « ces choses, et qu'ils ne peuvent plus travailler « que sur leur propre fond et à leurs risques et « périls, sans grande chance d'obtenir quelque vérité « qui ne cache pas un piège atroce. Mais si chacun « est libre de sortir, s'il se croit libéré de toute obli-« gation envers la chose, je vous déclare qu'il n'est « pas en mon pouvoir d'agir en faveur de ceux qui « se sont laissé suborner de l'Ordre : C'est la cou-« tume ; c'est ainsi qu'en ont usé tous mes prédéces-« seurs et cela pour des raisons majeures devant les-« quelles je m'incline et m'inclinerai toujours dans

---

gue, ainsi que ceux dont nous avons donné des extraits, seront publiés ultérieurement dans une histoire générale de l'*Ordre des Élus-Coëns*.

« l'intérêt de l'Ordre, quelque affliction que je puisse
« éprouver du pâtiment d'un sujet. » Le Grand-
Souverain examinait ensuite la requête des huit
orients, et ajoutait : « Vous pouvez donc, si vous le
« jugez utile à votre tranquillité, vous ranger dans
« la correspondance des Philalèthes, pourvu que
« ces arrangements n'entraînent rien de composite.
« Et puisque les déplacements du T. P. M de T... ne
« lui permettent pas de prendre en charge vos
« archives, faites en le dépôt chez M. de Savalette.
« Vous le ferez sous les sceaux ordinaires. La cor-
« respondance et les plans mensuels, ainsi que les
« catéchismes et cérémonies des divers grades,
« doivent être scellés de leur orient particulier. Les
« plans annuels, les tableaux et leurs invocations,
« ainsi que les différentes explications générales et
« secrètes, doivent porter ma griffe ou, à son défaut,
« celle du P. M. Substitut Universel que je préviens
« par le même courrier » (1).

C'est ainsi que, dans le courant de 1781, les archives des *Élus-Coëns* furent mises en dépôt chez le
frère Savalette de Langes, garde du trésor royal et
président des *Philalèthes*, qui était également conservateur des archives de son régime. Nous verrons
plus loin ce que devinrent ces diverses archives lors
de la tourmente révolutionnaire.

---

(1) Anciennes archives Villaréal. B. (Las Casas) III.

Pour en revenir à la *Stricte-Observance*, elle était alors dans un grand embarras. Ses membres, après avoir été bernés par Stark (*Eques ab aquila fulva*) et escroqués par le fameux Gugomos (*Eques a cygne triumphante*), qui se donnait les titres de duc, grand-prêtre du Saint-Siège de Chypre et envoyé par les *Supérieurs-Inconnus* pour reconstituer l'ordre et mettre ceux qui en faisaient partie en possession des plus secrètes de toutes les sciences des anciens templiers, avaient été réduits à chercher en Écosse, en Suède et même en Italie les sources de la sagesse maçonnique. Les députés qui furent envoyés en Écosse en revinrent en disant que les maçons d'Old-Aberdeen ignoraient complètement qu'ils fussent dépositaires des secrets et des trésors des templiers. Le duc de Brunswick délégua alors le frère De Wächter vers le secrétaire du prétendant Stuart, Aprosi, qui se trouvait à Florence, afin d'en obtenir des renseignements sur les *Supérieurs-Inconnus* et sur les fameux trésors des templiers ; mais le délégué écrivit de Florence que tout ce qu'on avait débité à cet égard était fabuleux et qu'Aprosi ignorait ce dont il était question.

Le duc Ferdinand de Brunswick songea alors à faire fusionner la *Stricte-Observance* avec le système templier suédois. Son projet n'obtint pas la ratification des préfectures, lesquelles voulaient au préalable être éclairées sur les attributions de la grande-maîtrise. Malgré cette opposition, le duc de Brunswick fit prévaloir sa volonté à l'assemblée de Wolfenbüttel en 1778, et la fusion sembla un fait accompli. Cependant, du côté de l'Allemagne, la plupart des loges, suivant en cela une politique analogue à celle des Philalèthes, s'étaient précautionnées avec tant de soin contre une nouvelle domination étrangère, que l'orgueilleux et raide duc de Sudermanie, grand-maître du système templier suédois, se sentit atteint dans son amour-propre. Néanmoins la fusion s'opéra en septembre 1779. Elle fut de courte durée, car en Allemagne elle n'avait été accueillie qu'avec une grande défiance, partagée par le duc Ferdinand lui-même, depuis que, dans le but de recevoir de plus amples informations, il avait fait un voyage en Suède, où il n'avait trouvé que quelques additions ou modifications insignifiantes à l'histoire de l'Ordre, des cérémonies sans importance et aucun document authentique.

La *Stricte-Observance* approchait de sa fin. Malgré les sacrifices considérables d'argent et de temps faits par un grand nombre de frères tant pour l'amélioration de la vie des loges que pour la réalisation du projet intérieur de l'institution ; malgré que le duc Ferdinand en particulier prodiguât l'argent à pleines mains, les loges étaient généralement peu visitées, beaucoup de frères n'envisageant leur organisation que comme un règlement imposé. Les travaux se faisaient sans intelligence et manquaient généralement de mobile vivifiant. Ce n'était que dans les circonstances solennelles que des frères prenaient la parole. On n'observait pas toujours la sévérité nécessaire lors des réceptions et des élections, et d'ordinaire le rang ou la fortune suffisait pour toute recommandation. On savait peu de choses de l'histoire véritable de la Franc-Maçonnerie, et on était plus que las de l'Ordre des templiers et de ses *Supérieurs-Inconnus*, dont usaient et abusaient tous les aventuriers de passage dans les provinces.

Comme si les embarras n'étaient point encore assez grands, Starck vint y mettre le comble en publiant le système complet de la Stricte-Observance dans un écrit intitulé : *La Pierre d'achoppement et le Roc de scandale* (1780), écrit dans lequel il attaquait ce système comme hostile aux gouvernements et comme séditieux (1).

Des plaintes ne tardèrent pas à s'élever dans les provinces, et les *Philalèthes*, qui jugèrent l'occasion favorable pour discréditer en France la Stricte-Observance, mirent leurs affiliés en mouvement. Ceux de la province de Bourgogne furent les premiers à demander à la direction de Brunswick la prompte réunion d'un convent chargé de résoudre définitivement la question templière. Mais les hésitations

---

(1) Il n'est pas indifférent de dire que Stark fut jusqu'en 1783 en correspondance avec le régime des Philalèthes.

du Grand-Maître firent traîner les choses en longueur. De 1780, l'ouverture du convent fut fixée d'abord pour le 15 octobre 1781, puis pour Pâques 1782, et enfin pour le 16 juillet, à Wilhemsbad près de Hanau.

Cependant les *Illuminés* de Weishaupt s'apprêtaient eux aussi à jouer un rôle dans ce convent et à profiter de la désorganisation de la *Stricte-Observance* pour recruter de nouveaux affiliés. En novembre 1780 Weishaupt était entré en correspondance avec un certain baron De Knigge, qui, jeune homme encore, avait été reçu en 1779 dans une loge de la *Stricte-Observance* à Cassel et nourrissait un très grand mécontentement. Knigge considérait la *Stricte-Observance* d'alors comme une véritable duperie : « Le tra-
« vail du perfectionnement moral est complètement
« négligé, écrivait-il, et comme aucune ardeur, aucun
« esprit de corps ne nous anime, comme on ne se
« réunit que rarement, que l'on se voit peu, ou du
« moins que l'on ne se réunit point amicalement et à
« cœur couvert, on ne se connaît pas, et on n'a pas
« d'action sur les cœurs. Dans les grades inférieurs
« chacun sent la médiocrité de son rôle; il ne songe
« qu'à s'élever, il est toujours mécontent jusqu'à ce
« qu'il soit parvenu à pouvoir porter la bague (de
« chevalier), et alors s'élèvent dans son cœur de
« nouvelles ambitions pour les dignités et les hon-
« neurs de l'Ordre (1). »

Il espérait trouver mieux dans l'Ordre des *Illuminés*. Weishaupt le lui laissait entendre, et chacune de ses lettres exaltait de plus en plus l'imagination et l'activité de Knigge pour la prospérité de l'Ordre. Mais lorsque Knigge réclama l'exposition de tout le système, Weishaupt se vit obligé de lui avouer que ce système n'existait encore qu'à l'état de projet, mais il lui dit aussi qu'il était tout disposé à s'entendre avec lui comme avec le coopérateur le plus habile qu'il eût rencontré jusqu'alors, etc, etc. Cela flatta Knigge qui n'insista pas davantage et qui vint rendre visite à Weishaupt en 1781.

Dans l'entrevue des deux coopérateurs il fut décidé que Knigge travaillerait à élaborer le système en le rattachant aux loges franc-maçonniques au sein desquelles on chercherait à ménager la majorité aux *Illuminés* (3). Enfin Knigge reçut mission de représenter l'Ordre au convent qui allait s'ouvrir à Wilhemsbad, et de faire toutes les ouvertures nécessaires aux frères de ce convent dont il pourrait attendre l'approbation au plan projeté.

---

(1) Astrée. Alm. maçonnique. 1850, p. 164. La lettre de Knigge est de 1779.

(2) Voir la *Dernière déclaration et la Réponse de Philo* (Knigge). Hanovre, 1788. C'est ce qui a été écrit de plus complet et de plus digne de foi sur ce sujet.

Le convent fut affectivement ouvert à Wilhemsbad le 16 juillet 1782, sous la présidence du duc Ferdinand de Brunswick (*eques a victoria*) grand-maître du système templier. La direction centrale de l'Ordre intérieur avait été obligée de céder aux nombreuses demandes des provinces, mais elle comptait pouvoir vaincre aisément, grâce aux antagonismes qui se manifesteraient au sein de l'assemblée, et grâce à l'avantage que lui donnait la présidence. Tous les points qui devaient être adoptés avait été délibérés à l'avance pendant les douze mois d'atermoiement qui précédèrent l'ouverture du convent, et la direction centrale était résolue à arriver à son but par tous les moyens.

Pour ne rien négliger, elle commença par éliminer systématiquement tous ceux qui lui parurent venir au convent avec des intentions opposées aux siennes. C'est ainsi qu'on refusa l'entrée du convent aux députés de la Mère-Loge de la *Croissante aux trois clefs*, de Ratisbonne, et au marquis de Chefdebien, député des *Philalèthes*, et qu'on s'efforça autant que possible de ne recevoir que les délégués des divers directoires. D'ailleurs la Grande Loge de France et celle d'Angleterre, le Grand-Orient de France et la Grande Loge Nationale d'Allemagne, non plus que la Suède, ne se firent point représenter au convent. La Grande Loge aux Trois Globes terrestres de Berlin ou plutôt les membres d'une de ses loges, celle de *Frédéric au*

Lion d'Or, se contentèrent d'envoyer un mémoire dans lequel ils offraient de démasquer les *Supérieurs Inconnus,* de communiquer le véritable rituel de la haute maçonnerie, et concluaient à une association avec les Rose-Croix. Mais cet écrit fut simplement joint aux actes et le convent décida, qu'ayant renoncé à tous *Supérieurs Inconnus*, il serait passé à l'ordre du jour sur cette proposition. Ainsi fut tranchée une des questions posées au convent, savoir : « La Maçonnerie a-t-elle des *Supérieurs Inconnus* ; quels sont ils ; quelles sont leurs attributions ; consistent-elles à commander ou à instruire? » Les autres questions ne devaient pas trouver pareille unanimité. La présidence en fit passer un grand nombre sous silence, mais elle dut cependant s'arrêter à celle qui était le principal objet du convent, savoir : « L'Ordre de la *Stricte-Observance* descend-il des Templiers? »

Cette question agita l'assemblée pendant près de vingt séances. Le frère Ditfurth de Wetzlar déclara tout à fait insuffisantes les preuves produites dans le but d'établir que l'Ordre descendait des Templiers. « Il serait parfaitement ridicule et inopportun, ajoutait-il, de ressusciter l'Ordre templier à une époque où un monarque éclairé (Joseph II) s'occupe à en faire disparaître les derniers vestiges. » Le frère Bode (*eques a lilio convallium*), homme d'une intelligence très active, auquel la *Stricte-Observance* devait la meilleure partie de ce qu'il y avait de bon en elle, proposait, de son côté, que l'on remaniât tous les grades autres que les trois premiers dans un sens plus libéral et que l'on mît fin à des fables qui n'avaient aucun fondement : « En notre temps d'une confusion presque générale, disait-il, confusion qui a donné si beau jeu à plus d'un apôtre inconnu, il apparaît qu'ils n'ont pas porté la paix, mais le glaive. Et surtout ils ont répandu une défiance si générale qu'elle porte sur la base de l'Ordre même. Je veux dire que la certitude est devenue presque commune que le système de l'Ordre, tel qu'il a été cultivé depuis dix-huit ans, n'était qu'une pure invention d'Ab Ense (de Hund), et que Ab Ense, n'ayant reçu à sa réception qu'une partie de l'histoire de la véritable origine de la Franc-Maçonnerie, avait négligé les vrais moyens qu'il avait de s'instruire et avait été assez inconsidéré pour prononcer de lui-même et pour suppléer à l'histoire et à l'explication des hiéroglyphes, en inventant un système qui excitait les soupçons de tous les gouvernements. » Presque tous les frères furent d'avis qu'il fallait effectivement réformer les hauts grades et l'organisation générale de l'Ordre, mais ils différèrent sur le sens de cette réforme. De Beyerlé demandait que l'on annulât tous les grades supérieurs aux trois premiers degrés y compris l'ordre intérieur templier, et que les loges fussent rendues libres de s'administrer comme bon leur semblerait et de disposer de leurs deniers ; Ditfurth, que l'on ajoutât simplement aux trois premiers grades un quatrième grade où serait enseigné tout ce qui a trait à la franc-maçonnerie ; il demandait aussi que les juifs fussent admis à l'avenir. Ses propositions furent soutenues par Knigge. Willermoz était d'avis que l'ont maintînt l'ordre intérieur, mais que l'on légitimât les rectifications du convent de Lyon en acceptant d'une façon générale le Chevalier de la Bienfaisance. Moth et Diethelm Lavater, que l'on ménageât les diverses confessions chrétiennes, etc., etc.

Les diverses propositions de tous ces frères furent soutenues et combattues tour à tour par la foule des députés suisses, français, italiens, allemands et russes ; et l'assemblée fut quelque peu orageuse, car la direction centrale de Brunswick, qui regardait comme séditieuses toutes les demandes d'éclaircissement et de réforme, n'avait garde de la calmer par des concessions humiliantes pour les chefs du système. Cependant, comme il fallait arriver à une solution et que la discussion menaçait de s'éterniser, le frère Bode proposa d'abandonner le fond de la question et de se contenter de décider des modifications conformes à l'esprit du siècle et avantageuses à toutes les religions. Cette proposition fut le signal d'une sorte de transaction à laquelle souscrivit la direction centrale qui avait escompté la fatigue de l'assemblée. Dans cette transaction, par laquelle on s'efforça de contenter tout le monde sans arriver d'ailleurs à satisfaire personne, on arrêta, en faveur de Bode, de Knigge et de Beyerlé, que les loges garderaient leur administration intérieure; mais on décida, en faveur de Ditfurth, que les trois grades symboliques travailleraient sous la surveillance du quatrième grade, celui de maître-écossais que, pour contenter Willermoz et Dicthelm Lavater, l'on transforma en celui de *chevalier de la Bienfaisance*, pratiqué en France et en Suisse depuis 1778, en décrétant cependant que, si des motifs particuliers le requéraient, il serait loisible à toutes les provinces et préfectures de ne point faire usage de ce grade. Enfin la direction centrale et les partisans templiers reçurent satisfaction, en ce que le grade de *Chevalier de la Bienfaisance* comporta désormais un enseignement historique dans lequel était établie la connexion des trois premiers grades avec l'ordre templier représenté par l'ordre intérieur et ses deux grades : le Novice et le Chevalier templier, subdivisé en quatre degrés : *eques, armiger, socius* et *profes*.

Le tout fut rédigé dans la capitulation suivante que signa le duc Ferdinand de Brunswick, prenant le titre d'éminence en sa qualité de Grand-Maître :

« Aux trois grades symboliques de la Maçonnerie « on n'ajoutera qu'un seul grade, celui de *Chevalier* « *de Bienfaisance*. Ce grade doit être considéré comme

« le point de communication entre l'ordre extérieur
« et l'ordre intérieur.

« L'ordre intérieur doit se composer de deux gra-
« des de *Novice* et de *Chevalier*. Les officiers des loges
« peuvent former le comité de la loge, et y préparer
« les objets à traiter. On n'examinera pas s'ils sont
« revêtus de grades écossais. Dans chaque district,
« la loge écossaise doit exercer une surveillance im-
« médiate sur les loges symboliques. Les décorations
« de l'ordre intérieur doivent être conservées (1). »

Ainsi, comme l'a fait remarquer Eckert, le résultat réel du convent de Wilhemsbad fut une transaction intérimaire entre les divers systèmes. Tout en
laissant au système de la « Stricte-Observance » la
direction générale, on accorda au système de la
« Late Observance » l'indépendance d'administration des loges. On comprendra alors difficilement que
la plupart des auteurs aient pu supposer que le
convent avait décidé de détruire la *Stricte-Observance*
templière, alors qu'il ressort de l'examen des opérations de ce convent que l'on évita de résoudre la
question templière et que la direction de Brunswick
se contenta d'accorder quelques réformes administratives. Si le système templier fut presque détruit,
ce fut parce que la plupart des frères quittèrent le

---

(1) Voyez : Sindner, Widekind, Beyerlé, Paganucci, etc.

convent très peu satisfaits et inquiets de l'attitude des directeurs, alors qu'en Suisse la république de Berne proscrivait déjà la *Stricte-Observance* et en fermait toutes les loges (1). Beaucoup d'entre eux, et en particulier les frères De Virieu et de Haugwitz, revinrent du congrès en disant qu'il existait une conspiration sourde à laquelle la religion et l'autorité ne resisteraient pas. Le premier se contenta de ne plus faire partie de la *Stricte-Observance*, mais le second devait attaquer violemment plus tard toutes les Sociétés maçonniques. Un grand nombre de membres furent affiliés par Knigge aux *Illuminés* de Weishaupt, entre autres Ditfurth, sous le nom de Minos, et Bode sous le nom d'Amelius. De Beyerlé quitta ouvertement la Stricte-Observance pour entrer chez les *Philalèthes* en faveur desquels il écrivit son fameux « De Conventu latomorum apud aquas Vilhelminas prope Hanoviam oratio » ouvrage dans lequel il se livrait à la critique des opérations du convent.

---

(1) Cette même année (1782) le Directoire helvétique roman fut en effet dissous par les autorités de Berne. Ce Directoire, sous l'obéissance duquel se trouvaient non seulement les loges du pays de Vaud, mais encore quatorze loges des États italiens, arrêta, pour se conformer aux ordres du gouvernement, la fermeture de toutes ces loges.

Ce fut une vaste désorganisation. Plusieurs provinces refusèrent d'adopter les conclusions du convent. Les loges de Pologne et de Prusse pratiquèrent, les premières, le rite écossais rectifié de De Glayre, les secondes, les systèmes de Zinnendorf ou de Wölener (1). Les loges de Hambourg et du Hanovre adoptèrent le système de Schröder et celles de la Haute-Allemagne se rangèrent dans le *système éclectique* établi par Ditfurth (2) ou contractèrent des alliances avec les *Illuminés* de Weishaupt. La Russie se partagea entre les divers systèmes suédois, anglais ou de Mélesino. Le prince du Gagarin, qui y avait accepté la présidence de la loge directoriale, se vit obligé d'autoriser l'emploi de l'ancien et du nouveau système de la Stricte-Observance, en laissant aux frères le soin de démêler lequel des deux était le meilleur.

---

(1) O'Etzel. Histoire de la Grande Loge des États prussiens.

Ces loges déclarèrent que les dispositions adoptées à l'assemblée de Wilhemsbad ne pouvaient leur être appliquées, et elles invitèrent toutes les loges d'Allemagne et de l'étranger, à la seule exception de la secte des *Illuminés*, à leur faire l'honneur d'engager ou continuer avec elles une correspondance maçonnique.

(2) L'idée de ce *système éclectique*, qui ne reconnaissait que les trois premiers grades, mais qui autorisait la pratique de tous les autres, était due au frère Franz, ba-

En résumé, le nouveau régime templier rectifié ne fut réellement adopté à l'étranger que par la province de Lombardie (1783-1784), par les deux directoires helvétique (1783) (1), par celui de Hesse-Cassel et par une loge de Danemarck (1785); car nous avons lieu de croire que la loge centrale de Brunswick (Charles à la colonne couronnée), celle de Dresde, celle de Prague et celle de Bayreuth continuèrent à suivre l'ancien système.

En France, les provinces d'Auvergne et de Bourgogne seules pratiquèrent le nouveau système. Des deux autres provinces, l'une, celle d'Occitanie n'exis-

---

ron de Ditfurth, de la loge Joseph de l'Aigle impérial, de Wetzlar. La circulaire du système éclectique fut adressée à toutes les loges par la loge provinciale de Francfort-sur-le-Mein et par celle de Wetzlar en 1783. Ces loges se défendirent d'avoir aucun rapport avec les *Illuminés*, parmi lesquels venait de se faire affilier le duc Ferdinand de Brunswick, Grand-Maître de la Stricte-Observance.

Nous n'avons pas été peu surpris de lire dans M. Papus : « C'est Willermoz qui seul, après la Révolution, continua l'œuvre de son initiateur (lisez Martinès) en amalgamant le rite des *Élus-Coëns* avec l'illuminisme du baron de Hundt pour former le rité Éclectique. » Phrase qui contient autant d'erreurs que de mots.

(1) Encore devons nous dire que l'adaptation n'eut aucun effet pour l'un de ces directoires, puisque l'helvétique roman venait d'être dissous.

tait plus; quant à l'autre, celle de Septimanie, réduite aux huit membres de la loge de Montpellier, qui, en 1781, avait passé un traité avec le *Grand-Orient de France*, il y a apparence dans les documents qui nous restent qu'elle ne pratiqua plus ni l'ancien ni le nouveau système. Même, en 1782, cinq de ses membres, les frères Vincendi, Pierrugues, Dessalles, Selignac et De Bonnefoy, qui, depuis 1780, étaient affiliés aux *Philalèthes*, étant entrés en pourparlers avec les *Élus-Coëns* d'Avignon et devenus désireux, par contre, de suspendre toute relation avec les directoires, donnèrent leur démission et s'entendirent avec le temple d'Avignon pour une affiliation qui eut lieu le 23 février de l'année suivante (1). Un passage de la déclaration qui fut faite en cette circonstance par le frère Pierrugues nous fait connaître l'opinion des cinq membres démissionnaires sur le convent de

---

(1) Archives de l'*Ordre maçonnique de Misraïm*. 1780-85.
Ces archives ne possèdent malheureusement sur le Directoire de Septimanie aucun document autre que la déclaration du frère Pierrugues sur la situation de ce Directoire antérieurement à mai, 1783. Les archives des *Philalèthes* ne mentionnent que les affiliations. Quant aux archives du *Grand-Orient*, elles n'ont rien conservé touchant ce Directoire qui ne soit relaté dans tous les auteurs; encore ne possèdent-elles plus la collection de cahiers déposée en 1781.

Wilhemsbad et sur l'administration du Directoire d'Auvergne, opinion qui vient corroborer les anciennes protestations de la *Loge provinciale* de Lyon lors des traités de 1778. Voici en effet ce passage :

« J'avais fait le détail des tracasseries multiples dont cette correspondance était la source.
« La majorité de notre cercle ne se considérant plus comme faisant partie d'un système rendu plus insupportable par les réticences de la dernière assemblée, nous devions souhaiter que chacun s'occupât de ses propres affaires sans vouloir imposer aux autres ses faiblesses et ses incertitudes. Nous n'enviions pas de connaître les membres dont Prothière et Willermoz faisaient une réception inconsidérée sans prendre souci de leurs opinions déréglées sur les sujets les plus dignes de respect, sous le vain prétexte du crédit que ces réceptions pouvaient leur donner. Je rappelais les dernières difficultés et l'engagement pris par les Directoires de maintenir la discipline dans leurs loges pour que le gouvernement politique n'ait jamais lieu de faire à leur occasion aucun reproche au Grand-Orient de France. Maître Dessalles ne voulait plus se charger des envois et personne ne voulait s'en charger après lui », etc., etc.

Parvenus à l'année 1784, nous allons étudier les

causes qui devaient amener, d'abord, l'affaiblissement des directoires templiers, et, ensuite, leur destruction. Ces causes sont au nombre de deux. Nous en avons déjà étudié une dans la lutte soutenue par les *Philalèthes* du Grand-Orient de France pour l'autonomie de la Maçonnerie nationale contre l'hégémonie de la loge directoriale de Brunswick, lutte qui, en raison du peu d'importance des directoires français, devait fatalement amener la fusion de ces directoires avec le Grand-Orient.

A l'étranger ce fut tout différent, et, bien que la *Grande Loge d'Allemagne* se fût engagée par l'article IX de son traité avec la *Grande Loge d'Angleterre* à détruire la Stricte-Observance (2), la véritable cause de la chute des directoires templiers étrangers réside dans le discrédit que l'Ordre des Illuminés devait jeter sur ces territoires à la suite des scandales de 1784 et des enquêtes de 1785, ainsi que nous allons le voir.

---

(1) « ... Les deux Grandes-Loges contractantes s'engagent en particulier à faire tous les efforts imaginables pour écarter de la Maçonnerie toute division et principalement cette secte de maçons qui a pris le nom de *Stricte-Observance*, dont la doctrine et les principes sont complètement erronés, faux, en opposition avec ceux de l'ancienne et véritable Franc-Maçonnerie et qui ne peuvent subsister avec elle. »

Depuis le convent de Wilhemsbad, l'*Ordre des Illuminés* avait fait de grands progrès. Tant dans les loges de la Stricte-Observance que dans celles des autres systèmes, il était parvenu à recruter près de deux mille membres. Mais, comme nous l'avons déjà exposé plus haut l'illuminisme renfermait dans sa constitution même l'élément de sa perte. Weishaupt en travaillant à l'organiser avait pris pour base et pour modèle la constitution et les formes sociales de l'Ordre des Jésuites ; lui aussi avait adopté le principe que la fin justifie les moyens (1). Cependant cette constitution despotique était non seulement en opposition avec l'idéal que rêvait le fondateur mais encore, vu la position des membres de la société, matériellement impraticable. La surveillance mutuelle et la communication aux *Supérieurs Inconnus* des observations recueillies engendrèrent l'espionnage, la défiance et l'hypocrisie. Bientôt la délation s'en mêla et certains faits scandaleux étant parvenu à la connaissance du public, l'éditeur Strobl, le chanoine Danzer et le professeur Westenrieder (Pythagore) commencèrent à fulminer contre les *Illuminés* et contre les francs-maçons qui les recevaient dans leurs loges.

---

(1) C'est vraisemblablement ce qui a fait interpréter par maint auteur les initiales S. I. : Societas Jesu.

Pour comble de malheur, Knigge, la cheville ouvrière de l'Illuminisme, qui venait de se brouiller avec Weishaupt et qui avait renoncé à prendre désormais aucune part à ses intrigues, se mit à critiquer amèrement le système des *Illuminés*, en reprochant publiquement à Weishaupt les services qu'il lui avait rendus et en se vantant d'avoir écrit pour lui plaire contre les *Rose-Croix* qui ne lui avaient jamais fait de mal.

Les *Rose-Croix* de Bavière dont Weishaupt avait si souvent raillé les travaux alchimiques et théurgiques qu'il qualifiait de viles superstitions (1), et les *Rose-Croix* de Prusse dont Weishaupt, par l'intermédiaire de Knigge, avait fait repousser les conclusions au convent de Wilhemsbad, se mirent promptement de la partie. De son côté la Mère-Loge *Aux-Trois-Globes* de Berlin signifia par une circulaire de 1783 qu'elle exclurait de son association toutes les loges qui dégraderaient la Franc-Maçonnerie en y intro-

---

(1) Il est curieux de constater que, tout en se moquant des Rose-Croix, Weishaupt n'avait pas négligé, conformément à ses principes de dissimulation, de rédiger une instruction confidentielle « sur les moyens de diriger ceux des Illuminés qui sont enclins aux *rêveries théosophiques* ». Le bon abbé Barruel a traduit ces derniers mots par *fantaisie de croire en Dieu ;* mais cette traduction est une simple calomnie.

duisant les principes de l'Illuminisme. Enfin parut le 22 juin 1784 une ordonnance de l'Électeur de Bavière interdisant formellement toute confraternité secrète.

La Maçonnerie étant englobée par l'Électeur dans la proscription dont il frappait l'Illuminisme, la loge de Munich, *Théodore au bon Conseil,* adressa à ses membres et à toutes les loges de sa correspondance une circulaire par laquelle elle se justifiait des accusations que l'on avait soulevées contre elle. Son seul crime était d'avoir reçu dans son sein des frères dont elle ignorait les intentions et d'avoir contracté des affiliations avec une société dont elle avait cru le but louable. Elle annonçait en même temps sa dissolution.

A dater de cette époque il n'y eut plus de loges franc-maçonniques en Bavière et ce résultat de l'alliance illuministe était déjà assez fâcheux, lorsqu'en juillet 1785 un illuminé nommé Sanze ayant été frappé par la foudre, on trouva sur lui une instruction dont il ressortait qu'il était chargé, en qualité d'agent secret des *Illuminés,* de voyager en Silésie, d'y visiter les loges, et de s'enquérir de plusieurs points, entre autres ce que ces loges pensaient de la persécution des francs-maçons de la Bavière. Cette découverte de l'activité clandestine d'un Ordre interdit fut le signal d'une enquête générale dans laquelle on entendit comme témoins les frères Utzschneider, conseiller à Munich, l'académicien Grünberger, Cassandey, Renner et le professeur Westenrieder, qui, récemment sortis de l'Ordre des Illuminés, déposèrent devant une commission privée. Sur l'ordre du Prince-Électeur, plusieurs perquisitions domiciliaires furent faites, à la suite desquelles Weishaupt fut condamné au bannissement, les illuminés Fischer, Drexl et Duschel furent démis de leurs charges, et un grand nombre d'autres déposés et incarcérés.

Les 11 et 12 octobre 1786, la justice bavaroise fit une visite domiciliaire chez Zwackh, l'un des plus intimes affiliés de Weishaupt et celui qui lui avait fourni les moyens de circonvenir le frère Baader, vénérable de la loge *Théodore au bon Conseil*. Cette perquisition amena la découverte d'une cassette enfouie dans la cave; on y trouva une partie des archives de l'Ordre et plusieurs lettres originales de Weishaupt. D'autres documents compromettants furent découverts dans le château du baron de Bassus (Hannibal), chez le conseiller Massenhausen (Ajax), etc., (1). C'est dans une de ces perquisitions que l'on

---

(1) On trouva contre quelques Illuminés des preuves d'intrigue, de supercherie, d'imposture, d'actions et d'opinions qui démentaient leur prétendu zèle pour la vertu. Chez l'un des affiliés on saisit un projet resté sans exécution, pour former une société de femmes illuminées qui serviraient les intérêts de l'Ordre, société composée

s'empara de la lettre suivante (1), lettre qui permit à la justice de déposer de sa charge le professeur Franz von Baader, bien innocent de toutes les manœuvres de Weishaupt.

« A mon ami Marius (2),

« Mon cœur se trouve dans une inquiétude
« qui m'enlève tout repos et peut me pousser
« à toute extrémité. Je suis menacé de perdre
« mon honneur et ma réputation, par lesquels
« seuls j'étais si puissant sur nos gens. Ma belle-
« sœur est enceinte ; déjà nous avons tenté toutes
« sortes de moyens pour arracher l'enfant ; elle
« était aussi elle-même résolue à tout. Mais
« Euriphon est trop timide ; et pourtant je ne
« vois pas d'autre expédient. Si je pouvais être
« certain du silence de *Baader*, celui-là pourrait
« me tirer d'embarras, comme il me l'a promis
« il y a trois ans. Parlez-lui en, si vous croyez

---

de deux classes, l'une de femmes vertueuses, l'autre de femmes sans pudeur ; chez un autre une recette d'Aqua-Tofana, des recettes pour produire l'avortement, pour enlever les empreintes des cachets et les replacer adroitement, etc.

(1) Ces documents ont été publiés par le gouvernement de Bavière sous le nom de *Originalschriften*, avec supplément.

(2) Le chanoine Hertel, de Munich.

« qu'il y a quelque chose à faire dans cette
« conjecture. Tout le monde ignore la chose,
« excepté vous et Euriphon. Il serait encore
« temps d'essayer quelque chose, car elle n'en
« est qu'au quatrième mois. Ce qu'il y a de plus
« désolant, c'est que le cas est criminel ; cette
« considération doit nous engager à faire un
« effort désespéré et à prendre une résolution
« énergique (1).

Weishaupt accusé d'avoir séduit sa belle-sœur après la mort de sa femme et d'avoir fait avorter l'enfant dont il était le père, prit la fuite. L'état promit une récompense à celui qui pourrait le livrer, et publia les divers documents de l'enquête et la liste des affiliés de l'Ordre.

A la suite de ces révélations un grand nombre de personnes qui avaient figuré parmi ces affiliés renièrent l'Ordre. On ne poursuivit pas les personnages éminents, comme le comte de Pappenheim, le duc Ferdinand de Brunswick, les comtes Scelfeld, de Höllenstein, etc., dont les protocoles ne firent aucune mention, non plus que des dépositions des témoins à leur sujet. Mais en revanche beaucoup de francs-maçons très estimables, comme Franz von Baader,

---

(1) Voy.: *Originalschriften*, 2e vol., 3e lettre à Marius, p. 14.

furent molestés par la justice pour des faits dont ils n'avaient jamais soupçonné l'existence.

Cette déplorable affaire jeta un grand discrédit sur la Franc-Maçonnerie dont les principes n'avaient pourtant, comme le disait Weishaupt lui-même, aucun rapport avec ceux de l'Illuminisme. Les gouvernements commencèrent à s'inquiéter et à suspecter, plus ou moins justement, de menées révolutionnaires, toutes les sociétés secrètes. Après les loges franc-maçonniques de la Bavière et de l'état de Bade, les directoires templiers dont on avait remarqué les nombreuses affiliations dans l'ordre des Illuminés furent les premiers persécutés. Le directoire helvétique était déjà fermé, lorsqu'en 1786 une ordonnance du roi de Sardaigne provoqua la dissolution du directoire de Lombardie et la fermeture pour toujours de toutes les loges de son ressort dans la septième province. Seul l'empereur Joseph II, tout en fermant les établissements templiers de l'Autriche et des pays-Bas, continua de tolérer les loges franc-maçonniques; encore en réduisit-il considérablement le nombre.

Cependant les débris des *Illuminés* persistèrent à se réunir dans quelques villes de l'Allemagne du nord. Weishaupt avait trouvé asile à Gotha. Nous ignorons s'il continua sa propagande; mais nous savons que l'illuminé Bode (Amélius), alla à Paris pour assister au convent ouvert par les *Philalèthes*, et qu'il y présenta un mémoire dans lequel il rappelait les persécutions que les Illuminés avaient éprouvées, niait que leur doctrine fut criminelle et déclarait qu'ils n'admettaient que les premiers grades et négligeaient les autres comme étant l'œuvre des Jésuites.

On a prétendu que Bode et de Busch étaient allé à Paris pour y faire des prosélytes et qu'ils ne s'étaient rendu au convent des *Philalèthes* que pour jouer dans cette assemblée un rôle analogue à celui que l'illuminé Knigge avait joué dans le convent de Wilhemsbad. La chose n'est pas invraissemblable et il n'est pas impossible que Bode ait parlé des Illuminés dans le dessein de sonder les dispositions des *Philalèthes* et de se rendre compte s'il ne pourrait pas les amener à l'illuminisme comme Knigge y avait amené la majeure partie des templiers de la Stricte-Observance. Mais dans ce cas il dut bientôt renoncer à toute espérance, car les *Philalèthes* n'avaient nullement l'intention d'imiter leurs adversaires au préjudice de la Franc-Maçonnerie française. Les déclamations sur le bonheur des sauvages, sur les maux produits par l'ordre social, sur l'inconvénient de la division des propriétés, etc., étaient passées de mode depuis longtemps, Bode n'aurait pu choisir un lieu moins propre que la ville de Paris à lui fournir des amateurs de la vie patriarcale ; et en adressant particulièrement aux maçons *Philalèthes*, grands partisans des sciences maçonniques et alliés des *Élus-Coëns* et des *Philosophes écossais*, ses discours contre les hauts grades et la duperie de leurs enseignements, il ne pouvait évidemment qu'éprouver une déception. Car si les *Philalèthes* savaient depuis longtemps à quoi s'en tenir sur les hauts grades de la Stricte-Observance qui avaient tant indigné Bode, ils avaient aussi sans doute quelques raisons de respecter leurs propres hauts grades et ceux de leurs alliés. Toujours est-il que les amis de Bode attestent qu'il fut très mécontent du peu d'empressement des francs-maçons de Paris à seconder ses projets et qu'on n'entendit plus parler des Illuminés ni de leur Illuminisme.

Le convent de 1787 fut le deuxième que tinrent les *Philalèthes* qui en avaient déjà tenu un, en 1785, dont nous devons tout d'abord dire quelques mots quand ce ne serait que pour justifier les *Philalèthes* des accusations que quelques polémistes de mauvaise foi ont cru devoir formuler contre eux.

A la fin de 1783 eut lieu à Paris, chez le frère Du Terray, ancien membre de la loge *Amitié indissoluble* de Léogane (Saint-Domingue), une réunion privée à laquelle assistèrent les frères philalèthes Savalette de Langes, Court de Gébelin, Sabady et De Tavannes; l'écossais Astier; les élus-coëns La Marque, Salzac et De Loos; et un membre de la loge *Carl à la lumière*, de Francfort, le frère Von Reichel. C'est au cours de cette réunion que le frère Reichel ayant émis des regrets sur le dédain que certaines loges allemandes témoignaient pour les sciences maçonniques, on en vint à envisager l'organisation d'un convent chargé d'apporter, aussi discrètement que possible, les lumières les plus autorisées sur l'importante question des origines et des fins de la Franc-Maçonnerie. Les *Philalèthes*, que leur célébrité et leurs nombreuses relations en France et à l'étranger désignaient pour organiser un tel convent, acceptèrent de se charger de toute la correspondance que se partagèrent, dans la suite, les frères De Gleichen, et de Chefdebien sur les indications qui leur furent fournies par les directeurs des divers rites.

La première circulaire relative au convent fut adressée dès 1784 à tous les maçons distingués de l'Europe. Cette circulaire, qui ne donnait qu'une idée générale des recherches du convent que l'on voulait ouvrir en janvier 1786, avait pour but d'assurer le concours des frères les plus éclairés de tous les rites. Les noms de quelques-uns des destinataires ont fait supposer à tort à Clavel que la circulaire avait été également adressée à des personnes qui n'appartenaient pas à la société maçonnique. Mais Mesmer, Eteilla et Saint-Martin étaient francs-maçons.

A dire vrai, Saint-Martin n'assistait plus depuis longtemps aux assemblées maçonniques où il avait toujours été reçu avec distinction parce qu'on lui reconnaissait de la conviction et qu'il était un parfait honnête homme. Nous avons vu comment il avait abandonné les travaux de la loge de Willermoz et comment il s'était séparé de l'Ordre des *Élus-Coëns* pour de spécieuses raisons de pneumatologie, et nous savons l'aversion que lui inspiraient les travaux hermétiques des chapitres *Philalèthes*.

D'ailleurs il ne faisait point mystère de cette aversion. Il suffit pour s'en assurer de lire certains passages de son *Tableau naturel*, publié en 1782, soit environ deux ans avant la circulaire des *Philalèthes*.

Dans cet ouvrage, Saint-Martin, après avoir déclaré que les emblèmes, les allégories, les antiques symboles de la mythologie, etc., n'ont pas plus de rapport avec les sciences hermétiques (1) qu'avec l'astronomie, attaque la science hermétique et ses partisans d'une façon qui nous ferait soupçonner une certaine mauvaise foi chez tout autre auteur que notre théosophe (2). Nous comprendrions qu'il se fût contenté

---

(1) Le bénédictin Dom Pernety avait soutenu le contraire dans trois volumes publiés en 1757 et intitulés *Fables égyptiennes et grecques dévoilées et Dictionnaire hermétique*. Dom Pernety avait fondé dès 1760, à Avignon, une société de disciples de Swedenborg connus sous le nom d'Illuminés d'Avignon. Il établit également plus tard la loge hermétique du Comtat-Venaisin.

(2) Cela n'a pas empêché M. Papus d'écrire que « Saint-Martin devint la tête du mouvement hermétique tout entier. »

d'appliquer à la Haute-Chimie le raisonnement qu'il appliquait à la Théurgie, pour arriver à conclure que cette science hermétique « renferme en elle seule plus d'illusion et de danger que toutes les autres sciences matérielles ensemble, parce qu'étant fausse comme elles dans sa base et dans son objet, elle a néanmoins par ses procédés, par sa doctrine et par ses résultats, plus de ressemblance avec la vérité », et pour déclarer que « parmi ses partisans il en est qui sembleraient assez habiles et assez persuadés pour être dangereux »; mais après quelques critiques peu heureuses qui nous montrent combien leur auteur avait négligé d'étudier la question, Saint-Martin ne craint pas d'écrire que « la doctrine des
« Philosophes hermétiques, ainsi que leur marche,
« conduit à l'erreur tous ceux qui se laissent séduire
« par le merveilleux des faits qu'ils nous présentent »
en ajoutant que « l'usage où ils sont d'employer la
« prière pour le succès de leur œuvre, et leur per-
« suasion de ne pouvoir jamais l'obtenir sans cette
« voie, ne doit point en imposer. Car c'est ici où leur
« erreur se manifeste avec plus d'évidence; puisque
« leur travail se bornant à des substances maté-
« rielles, ne s'élève pas au-dessus des causes se-
« condes ». « Je m'arrête peu, dit-il encore, au motif
« qui les empêche de révéler leurs prétendus se-
« crets, à cette crainte qu'ils affectent que si leur
« science devenait universelle, elle n'anéantît les

« sociétés civiles et les empires, et ne détruisît l'har-
« monie qui paraît être sur la terre. Comment leur
« science pourrait-elle devenir universelle, si comme
« ils l'enseignent, elle ne peut être le partage que
« du petit nombre des élus de Dieu ? » (1). Et il termine en déclarant que « si dans les différentes classes
« de Philosophes hermétiques, il en est qui pré-
« tendent parvenir à l'œuvre, sans employer aucune
« substance matérielle, nous ne pouvons nier que
« leur marche ne soit fort distinguée ; mais nous ne
« trouverons pas leur objet plus digne d'eux, ni leur
« but plus légitime » (2).

---

(1) On remarquera que les motifs donnés par les Philosophes hermétiques sont interprétés, ici, par Saint-Martin, d'une manière exclusivement mystique et qui nous montre encore une fois que notre auteur n'a aucune idée de la méthode initiatique. Les Philosophes hermétiques qui s'honorent, à juste titre, de compter parmi eux des hommes comme Roger Bacon, Raymond Lulle, Arnaud de Villeneuve, Paracelse, Van Helmont et Thomas d'Aquin, savaient parfaitement que leur science n'était pas inaccessible aux méchants. C'est la principale sinon l'unique raison d'être des symboles et des allégories, dont, à l'instar de toutes les sociétés initiatiques, ils ont voilé leurs enseignements. *Nolite mittere margaritas ante porcos*.

(2) Le *Tableau naturel* est le dernier ouvrage de Saint-Martin portant la désignation toute maçonnique de publication « A Edimbourg » alors que l'ouvrage était

Les opinions de Saint-Martin n'étaient évidemment pas ignorées des organisateurs du convent philalèthe. L'hermétiste Henri de Loos qui, lors du premier séjour de Martinès de Pasqually à Paris, avait participé à l'établissement du Tribunal-Souverain des *Élus-Coëns* (1), avait déjà critiqué, dans un ouvrage paru un an avant le « Tableau naturel », certaines affirmations contenues dans le premier livre de Saint-Martin. « Des Erreurs et de la Vérité (2) » ; et certes,

---

réellement publiée à Lyon. Quant à la mention « par un Philosophe Inconnu » elle semblerait assez déplacée sur un tel ouvrage, si l'on songe que la très ancienne société des *Philosophes Inconnus*, au régime de laquelle avaient appartenu les premiers *Philalèthes*, était une société d'hermétistes. Les statuts des *Philosophes Inconnus* ont été publiés par le baron de Tschoudy, dans son « Etoile flamboyante », en 1766. Il est presque inutile de dire que la société des *Philosophes Inconnus* n'était pas *martiniste* ainsi que le déclare un auteur par trop naïf.

(1) Un auteur maçonnique, évidemment trompé par similitude de noms et par un rapprochement de dates, a écrit à ce sujet que *le peintre Van Loo* aida Martinès de Pasqually à faire connaître le rite des Élus-Coëns dans les loges parisiennes en 1768.

(2) Hâtons-nous de dire que ces critiques sont très bienveillantes. De Loos, tout en annonçant que, pour suivre l'auteur au sujet de la médecine universelle, il a voulu donner un peu d'étendue à cette matière « afin de lui prouver en raccourci son éloignement sur cet objet »

si des philalèthes comme Savalette de Langes et De Gleichen n'avaient pu apprécier les idées de Saint-Martin dans les divers cercles où notre théosophe exposait ses conceptions (1), les Elus-Coëns De Loos, Salzac ou De Calvimont les eussent certainement renseignés sur les faits et gestes de l'ancien disciple de Martinès. Mais les organisateurs du convent avaient décidé que, contrairement à ce qui s'était passé au convent templier de Wilhemsbad, on ferait appel aux lumières de tous les maçons de bonne volonté, et cette décision justifie amplement les convocations qui furent envoyées à des maçons qui, comme Saint-

---

déclare en effet qu'il respecte le génie et l'éloquence de Saint-Martin, en restant persuadé que ce dernier aurait corrigé quelques articles de son ouvrage, s'il les eût examinés avec plus d'attention.

(1) De Gleichen, qui avait assisté maintes fois aux causeries de Saint-Martin dont il connut tous les ouvrages, fait une distinction fort nette entre les idées de ce dernier et celles de Martinès de Pasqually ; mais, sans faire une critique détaillée de ses publications, il s'est borné à écrire que Saint-Martin avait parlé de quelques sciences « d'une façon fort baroque ». Il est vraisemblable que l'auteur des *Hérésies métaphysiques* ne ménagea pas ses critiques à l'auteur des *Erreurs et de la Vérité*, et qu'il ne faut pas chercher ailleurs la raison de l'antipathie de Saint-Martin pour Gleichen auquel il reprochait de chercher de l'erreur partout.

Martin ou Ferdinand de Brunswick, étaient peu favorables ou opposés aux *Philalèthes*.

Le convent eut une assemblée préparatoire le 13 novembre 1784. Dans cette assemblée on déféra la présidence au frère Savalette de Langes et on nomma secrétaires, pour la langue allemande, le baron de Gleichen, et, pour la langue française, le marquis de Chefdebien. Il fut donné lecture de lettres d'adhésion du comte Félix Potocki qui devait recevoir trois mois plus tard la grande maîtrise de la *Grande Loge de Pologne*; du ministre Wallner, chef du département religieux de la Prusse et directeur de la loge des *Rose-Croix* de Potsdam ; du baron de Bromer, substitut du marquis de la Rochefoucault-Bayers, grand-maître du *Rite Écossais Philosophique*, du marquis d'Ossun, substitut de M. de Las Casas, grand-souverain des *Élus-Coëns*, et du Dr Dubarry, secrétaire des *Rose-Croix-Philadelphes*. Le duc Ferdinand de Brunswick, le Dr Mesmer et Saint-Martin s'excusaient de ne pouvoir répondre à la convocation des *Philalèthes*. Le premier se souvenait sans doute de l'opposition des *Philalèthes* et de la manière dont on avait reçu leur envoyé au convent de Wilhemsbad. Le second, bien que très lié avec la plupart des membres des *Amis réunis* et notamment avec Court de Gébelin, luttait alors désespérément contre l'opposition des Facultés de France et d'Europe qui couvraient de brocards son Magnétisme dont la pratique était spécialement étudiée dans la loge *Harmonie universelle* de Paris. Quant à Saint-Martin, qui, d'ailleurs, détestait Mesmer « cet homme qui n'est que matière et qui n'est même pas en état de faire un matérialiste », son refus de participer aux opérations du convent ne saurait nous surprendre.

Quelques jours après cette assemblée préparatoire, la Mère-Loge du *Rite Écossais philosophique* s'étant opposée à ce que l'on donnât des renseignements sur les dogmes qu'elle professait, dans une assemblée où elle supposait que les frères des divers grades participeraient à toutes les discussions, le marquis de la Rochefoucault-Bayers retira son adhésion. Aussi, pour dissiper les malentendus qui ne pouvaient manquer de se produire, le comité organisateur rédigea une seconde circulaire. On y expliquait le mécanisme du convent dont on avançait la date, parce que beaucoup de maçons ne pouvaient répondre que leur adhésion fût possible deux ans plus tard, et aussi parce que l'on avait occasion d'entendre le fameux Cagliostro exposer le système de son rite égyptien.

Cagliostro était en effet un personnage suffisamment inquiétant pour que des maçons instruits désirassent être fixés à son égard. On aurait tort de croire que les *Philalètes* et les *Élus-Coëns* le considéraient comme un simple imposteur dont il serait

amusant de démasquer la charlatanerie en quelques séances de convent. L'exacte vérité que nous révèle la correspondance du frère Astier avec les élus-coëns d'Avignon, Labory et de la Martinière, c'est que l'on désirait scruter les véritables fondements des opérations de Cagliostro, entreprise que rendaient bien difficiles la mobilité et la souplesse du personnage ;
« Ces messieurs (les Philalèthes), écrit le frère As-
« tier, cherchent un expédient, persuadés que notre
« homme leur échappera si on le laisse entrer et
« discourir dans l'assemblée. Car dans cette extré-
« mité on n'en pourra rien tirer hormis les belles
« assurances qui sont sa monnaie de singe pour les
« curieux ; et quand il aura bien canzoné sans qu'au-
« cun puisse placer un mot, vous verrez que tous
« nos gens seront charmés de son esprit : En saurons-
« nous davantage ? Votre frère Dessalles, qui, m'a-
« t-on dit, a connu intimement M. Sarazin (5), et
« qui doit avoir eu quelques rapports avec Saint-

---

(1) Il est vraisemblable que le Sarazin dont il est question ici est le même que celui qui dirigea la loge de Cagliostro à Bâle. Saint-Costart était vénérable de celle de Lyon, *la Sagesse triomphante*, dont nous reparlerons plus loin ; il avait effectivement connu Dessales, puisque ce fut par l'intermédiaire de ce dernier que les *Philalèthes* firent sonder par Saint-Costart les dispositions de Cagliostro.

« Costart, lors de ses voyages à Lyon, serait d'une
« grande utilité, mais j'ai quelque crainte que ses
« affaires ne lui permettent pas de s'absenter en
« cette occasion. Touchez-lui en deux mots à son
« retour de Nîmes, s'il veut être l'un des rétiaires de
« cet insaisissable Protée ».

On voit que si les organisateurs du convent étudiaient le moyen d'apprécier en toute connaissance de cause les opérations et les intentions de Cagliostro, ils se rendaient parfaitement compte des difficultés que présentait l'examen d'un personnage dont les manières prêtaient à des conjectures si contradictoires que De Gleichen, qui l'avait connu à Strasbourg, écrivait de son côté : « On a dit assez de
« mal de Cagliostro, je veux en dire du bien. Je
« pense que cela vaut toujours mieux, tant qu'on le
« peut. Si son ton, ses gestes et ses manières étaient
« celles d'un charlatan plein de jactance, de pré-
« tention et d'impertinence, ses procédés étaient
« nobles et charitables, et ses traitements curatifs
« jamais malheureux et quelquefois admirables : il
« n'a jamais pris un sol à ses malades. Je l'ai vu
« courir, au milieu d'une averse, avec un très bel
« habit, au secours d'un mourant, sans se donner
« le temps de prendre un parapluie, et j'ai vérifié
« trois cures merveilleuses qu'il a faite à Stras-
« bourg, dans les trois genres où l'art des Français
« excelle. Son bonheur ou sa science en médecine a

« dû lui attirer la haine et la jalousie des médecins
« acharnés entre eux autant que les prêtres, quand
« ils se persécutent. Qu'on joigne à la calomnie de
« tant d'ennemis positifs la malveillance des hom-
» mes, qui aiment en général à croire et à répéter
« plutôt le mal que le bien, et on verra qu'il est au
« moins possible qu'un inconnu excitant l'envie plus
« que la pitié ait été opprimé par la médisance. Ceux
« qui ont beaucoup vécu avec lui m'en ont toujours
« dit du bien, et personne du mal avec des preuves
« convaincantes ».

L'élu-coën Dessales s'étant rendu à Lyon auprès de Saint-Costart, vénérable de la loge que Cagliostro avait instituée en 1782, en rapporta la promesse que ce dernier se rendrait au convent s'il y était convoqué. Voici le texte de la seconde circulaire qui fut adressée à un grand nombre de maçons français et étrangers et notamment à Saint-Martin :

Très chers frères,

« Nous regrettons vivement que des circons-
« tances de force majeure nous contraignent
« d'avancer d'une année notre assemblée frater-
« nelle. L'importance de cette raison, le choix
« et le nombre des projets que nous croyons
« devoir vous soumettre, nous mériteront votre
« indulgence. Si, cependant, le Grand Archi-
« tecte bénit notre travail et dirige nos premières

« réunions, plusieurs objets que nous vous ex-
« posons ici deviendront peut-être superflus. On
« pourrait, dans ce cas, les remplacer par d'au-
« tres de nature à agir plus puissamment et
« plus immédiatement en faveur du but auguste
« de l'Ordre.

« Cette seconde circulaire, que nous vous
« avions annoncée dans notre première, doit
« surtout vous proposer les questions princi-
« pales, dont les réponses nous paraissent in-
« dispensables. Nous prions tous ceux qui la
« recevront de nous communiquer leurs répon-
« ses par écrit. Nous vous faisons en même
« temps connaître les cérémonies que nous
« avons déterminées et les résolutions que nous
« avons arrêtées pour la tenue de notre assem-
« blée. Nous pourrons vous informer ultérieu-
« rement lorsque nos frères invités nous aurons
« exprimé leurs opinions. Nous ne saurions
« trop répéter que nous ne réclamons aucun
« titre particulier à ce congrès, si ce n'est celui
« de promoteurs et de convocateurs. Loin de
« craindre de rencontrer des maîtres dans cette
« science, nous souhaitons sincèrement et vive-
« ment que les véritables maîtres de la science
« soient présents et se fassent connaître. Vous
« trouverez en nous des élèves ardents et recon-
« naissants autant que de vrais *Philalèthes*.

« Nous ne croyons pas, nous n'espérons
« même pas, que les articles spécifiés dans ce
« projet soient l'objet unique et exclusif des
« travaux du futur congrès. Il y en a d'autres
« plus importants que la prudence nous dé-
« fend de confier au papier et encore moins à
« l'impression. Nous doutons même qu'il soit
« possible de les traiter avantageusement en
« plein convent. Peut-être serait-il plus fa-
« cile et plus avantageux au bien général de
« les développer en secret et pièces en main
« dans des comités spéciaux, composés des dé-
« légués que leurs opinions, leurs travaux et
« leurs grades recommandent particulièrement.
« Ces comités informeraient l'assemblée géné-
« rale du résultat de leurs travaux et des fruits
« de leurs investigations, autant qu'ils le pour-
« raient sans s'exposer à être parjures.

« Il est probable que la discussion des arti-
« cles proposés fera surgir de nouvelles ques-
« tions, qu'il est impossible de préciser ici.
« Tous les hommes instruits peuvent les pré-
« voir et doivent s'y préparer. N'oublions pas
« que le but essentiel de ce convent étant, d'une
« part, la destruction des erreurs, et de l'autre
« la découverte de vérités maçonniques ou inti-
« mement liées avec la Maçonnerie, notre pre-
« mier devoir à tous doit être de nous munir

« de tout ce qui paraît devoir contribuer à l'un
« ou l'autre de ces objets. Nous prions et nous
« conjurons encore une fois tous les frères em-
« pêchés, de s'unir à nos travaux et de traiter
« longuement les questions proposées. Le con-
« cours de toutes les lumières et le choc des
« opinions est de la dernière importance. Nous
« pouvons vous garantir au nom du futur con-
« grès que le même secret sera gardé sur l'abs-
« tention des frères invités et absents qui n'au-
« raient pas répondu clairement, franchement
« et cordialement à la seconde circulaire. Tels
« sont, très chers frères, les souhaits et les vœux
« de vos frères dévoués, chargés de vous faire
« ces propositions par la société des Philalèthes
« supérieurs de la constitution de la Loge des
« *Amis réunis* à *l'Orient de Paris* » (1).

On joignit à cette circulaire un certain nombre des questions dont devait s'occuper le convent : « Quelle est la nature essentielle de la science maçonnique ? Quelle origine peut-on lui attribuer ? Quelles sociétés et quels individus l'ont anciennement possédée et l'ont perpétuée jusqu'à nous ? Quels corps

---

(1) Le ton réservé de cette circulaire a autorisé quelques polémistes à déclarer que les Philalèthes nourrissaient les plus noirs desseins à l'égard de l'ordre social.

ou quels individus en sont actuellement les vrais dépositaires ? Avec quelles sciences secrètes la Franc-Maçonnerie a-t-elle des rapports ? Quels sont ces rapports ? etc., etc. Ainsi, les organisateurs du convent s'efforcèrent de détruire tout malentendu dans l'esprit de ceux qui n'avaient pas cru devoir accepter leur première invitation. Ils firent mieux : tandis que de Gleichen écrivait au duc de Brunswick et que de Beyerlé s'abouchait avec Saint-Costart (1), l'élu-coën de Pontcarré adressait à Saint-Martin une lettre le priant d'assister à l'examen de Cagliostro. Mais Saint-Martin ne se souciait pas de prendre part aux travaux d'une assemblée où l'on traiterait des sciences qu'il jugeait peu nécessaires, sinon dangereuses, pour le salut de l'humanité ; et soit qu'il éprouvât quelque ennui de se rencontrer avec ses anciens frères, soit qu'il ne voulût pas affronter Cagliostro, il jugea prudent de ne faire aucune réponse. Saint-Martin était d'ailleurs très inquiet au sujet de Cagliostro qu'il jugeait redoutable. Ce qu'il avait appris des travaux de la loge de ce dernier l'avait jeté

---

(1) De Beyerlé fut chargé de toute la correspondance que le comité organisateur et le convent échangèrent avec la loge de Cagliostro. C'est ce qui a fait croire à un auteur maçonnique que de Beyerlé avait été secrétaire du convent en l'absence du marquis de Chefdebien.

dans une si grande perplexité que l'on peut croire que ce ne fut pas sans l'éloigner encore de l'école de Martinès de Pasqually. Le récit de quelques-uns de ces travaux, rapproché de la triste opinion que Saint Martin avait de la moralité de Cagliostro et de ce que nous savons déjà sur les théories du théosophe, nous aidera à comprendre cet état d'âme :

« ... Mais une remarque essentielle, et qui
« chez moi reste prépondérante jusqu'à ce que
« vous m'ayez convaincu du contraire, c'est que
« *les manifestations qui se communiquaient à votre*
« *école* (1) *étaient vraissemblablement des formes*
« *d'emprunt*. Voici sur quoi je me fonde : dès
« que ces communications tombent sous le sens
« externe de la vue, je crois qu'elles peuvent
« prendre des contours si supérieurement des-
« sinés, des formes si imposantes et des signes
« si augustes, qu'il n'est guère possible de ne
« pas les admettre comme véritables, quand
« même elles ne seraient qu'empruntées. Un
« exemple marquant dans ce genre, et que j'ai
« appris, il y a une couple d'années, est celui
« qui arriva à la consécration de la loge de
« maçonnerie égyptienne à Lyon, le 27 juillet

---

(1) La loge des *Élus-Coëns* de Bordeaux, que Saint-Martin fréquenta de 1768 à 1773.

« 5556, suivant leur calcul, qui me paraît erroné.

« Les travaux durèrent trois jours, et les
« prières cinquante-quatre heures; il y avait
« vingt-sept membres assemblés. Dans le temps
« que les membres prièrent l'Éternel de mani-
« fester son appprobation par un signe visible,
« et que le maître était au milieu de ses céré-
« monies, le Réparateur parut, et bénissait les
« membres de l'assemblée. Il était descendu
« devant un nuage bleu qui servait de véhicule
« à cette apparition; peu à peu il s'éleva encore
« sur ce nuage qui, du moment de son abais-
« sement du ciel sur la terre, avait acquis une
« splendeur si éblouissante, qu'une jeune fille
« C., présente ne put en soutenir l'éclat. Les
« deux grands prophètes et le législateur d'Is-
« raël leur donnèrent aussi des signes d'appro-
« bation et de bonté. Qui pourrait avec quelque
« vraisemblance mettre la ferveur et la piété de
« ces vingt-sept membres en doute? Caglios-
« tro! Ce seul mot suffit pour faire voir que
« l'erreur et les formes empruntées peuvent
« être la suite de la bonne foi et des intentions
« religieuses de vingt-sept membres assem-
« blés. »

Nous tenions à citer ce passage d'une lettre datée
de 1793, parce que son auteur, le baron de Liebisdorf, qui avait tout aussi mauvaise opinion de

Cagliostro que Saint-Martin, y reproduit très probablement les soupçons que dut avoir Saint-Martin lui-même en 1784. La réponse de Saint-Martin est d'ailleurs assez ambiguë : « Je savais par écrit, dit-il,
« toutes les aventures de Lyon dont vous ne parlez.
« Je n'hésite pas de les ranger dans la classe des
« choses les plus suspectes. Quant aux manifesta-
« tions qui ont eu lieu dans mon école, je les crois
« beaucoup moins tarées que toutes celles-là ; ou,
« *si elles l'étaient*, il y avait en nous tous un feu de
« vie et de désir qui nous préservait, et même qui
« nous faisait cheminer assez gracieusement ; mais
« nous connaissions peu le centre alors. »

Le convent des *Philaléthes* fut ouvert le 19 février 1785. Les premières séances furent consacrées à l'organisation des discussions et à la constitution des différents comités chargés de sauvegarder les intérêts de tous les rites représentés au convent, comités qui, tout en prenant part aux discussions de l'assemblée, devraient poursuivre leurs travaux respectifs en particulier. Les comités furent constitués au nombre de quatre, nombre qui parut le plus généralement adoptable aux degrés des divers rites, et composés des délégués suivants : De Boulainvilliers, De Jumilly, Lenoir ; De Saisseval, Jablanowski, Narboud ; Disch, Hirschberg, De Vorontsof ; Dubarry, De Calvimont et Von Reichel ; auxquels on adjoignit, plus tard, les frères de Beyerlé, Dessalles et d'Éprémenil (1).

L'assemblée ayant décidé d'entendre Cagliostro, on lui écrivit officiellement pour le prier de se rendre au convent. Mais, en dépit des promesses de Saint-Costart, Cagliostro ne vint pas. Il se contenta d'envoyer un emphatique manifeste dont le ton fit assez mauvaise impression. Ce manifeste était ainsi conçu :

« Le Grand-Maître inconnu de la maçonnerie
« véritable a jeté les yeux sur les Philalèthes.
« Touché de leur piété, ému par l'aveu sincère
« de leurs besoins (sic), il daigne étendre la
« main sur eux, et consent à porter un rayon
« de lumière dans les ténèbres de leur temple.

« Ce sera par des actes et des faits, ce sera
« par le témoignage des sens, qu'ils connaîtront
« Dieu, l'homme et les intermédiaires spirituels
« créés entre l'un et l'autre, connaissance dont
« la vraie maçonnerie offre les symboles et in-

---

(1) Dans cette liste on remarque les noms de quatre *Élus-Coëns*, de cinq *Philosophes-Écossais*, d'un membre de l'*Association éclectique*, d'un membre de la *Grande-Loge de Pologne*, d'un Rose-Croix *Philadelphe*, d'un *Rose-Croix* prussien (Grande-Loge aux Trois-globes-terrestres), d'un *Rose-Croix* bavarois (loge de Carl-à-la-lumière) et d'un *Philalèthe*

« dique la route. Que les Philalèthes donc em-
« brassent les dogmes de cette maçonnerie vé-
« ritable, qu'ils se soumettent au régime de son
« chef suprême, qu'ils en adoptent les constitu-
« tions. Mais avant tout le sanctuaire doit être
« purifié ; les Philalèthes doivent apprendre que
« la lumière peut descendre dans le temple de
« la foi, et non dans celui de l'incertitude. Qu'ils
« vouent aux flammes ce vain amas de leurs ar-
« chives ! Ce n'est que sur les ruines de la tour
« de confusion que s'élèvera le temple de la
« vérité. »

Ce manifeste fut suivi d'une lettre de la loge de Cagliostro, la *Sagesse triomphante*, insistant pour que le convent se pliât aux exigences de Cagliostro. Mais si Cagliostro était désireux de voir détruire certaines archives, les *Philalèthes* n'avaient nullement l'intention de brûler les leurs, et, s'y fussent-ils résignés que les *Élus-Coëns* n'auraient pas voulu les suivre dans cette voie. Cependant comme il était intéressant de savoir ce que voulait exactement Cagliostro, le convent répondit que le présent manifeste ne pouvant s'adresser qu'aux Philatèthes et non aux maçons qui représentaient au convent d'autres régimes, et dont la réunion devait cesser à l'instant où l'objet spécial serait rempli, l'assemblée avait jugé à propos d'envoyer le manifeste et la lettre à la loge des *Amis réunis* centre du régime des *Philalèthes*, qui, seule, pouvait en prendre connaissance et y faire droit, s'il y avait lieu que; néanmoins, la *Sagesse triomphante* était invitée à nommer des délégués pour l'assemblée et donner tous les éclaircissements compatibles avec ses devoirs.

A cette lettre Cagliostro répondit que, puisque l'assemblée cherchait à établir une distinction entre le convent et le régime des *Philalèthes* pour arriver par une voie détournée à sauver des archives dont la destruction lui était demandée, toute relation devait cesser entre elle et lui.

Le convent lui députa alors quelques frères pour qu'il les initiât dans ses mystères; mais Cagliostro déclara qu'il ne donnerait l'initiation à l'assemblée ou à une partie de ses membres qu'autant que les archives auxquelles on attachait tant de prix auraient été préalablement détruites. Le convent, se jugeant suffisamment éclairé sur les véritables intentions de Cagliostro, rompit alors toute négociation.

Tel fut le principal incident du convent de 1785. Les comités déposèrent les conclusions de leurs travaux de trois mois et le convent clôtura ses séances le 26 mai 1785.

Si le convent de 1785 présenta le plus grand intérêt pour les maçons qui y prirent part, celui que les *Philalèthes* tinrent en 1787 fut par contre assez vide. Peu de maçons y assistèrent. Le président du convent, le frère Savalette de Langes, fut forcé d'interrompre les séances, en déclarant que le manque de zèle des membres convoqués lui prouvait qu'il était non seulement prudent, mais même nécessaire d'y renoncer.

Déjà on remarque à cette époque un certain ralentissement dans les travaux maçonniques. L'approche de la Révolution pèse sur les esprits. Cependant l'année du convent, les *Philalèthes* firent nommer aux fonctions de Président de la chambre des provinces du Grand-Orient le philalèthe Roëttiers de Montaleau, ancien membre de la chambre des grades, maçon dévoué qui devait être de 1793 à 1808 le soutien habile autant que vertueux de la Maçonnerie française. Son prédécesseur, le frère abbé Rozier, effrayé par les bruits révolutionnaies s'était retiré à Lyon où il devait être tué lors du bombardement de cette ville par les républicains en 1793.

Quant à Saint-Martin, il alla à Strasbourg. Sa grande préoccupation était d'entrer en rapport avec les mystiques d'Allemagne, d'Angleterre et de Russie, et les liaisons qu'il contracta à Strasbourg ne firent que l'engager de plus en plus dans la voie qu'il avait choisie. Le chevalier de Silferhielm lui fit connaître les écrits de son oncle, le célèbre Swedenborg, et c'est sous cette nouvelle inspiration que Saint-Martin écrivit *Le Nouvel Homme* dont il se montra plus tard peu satisfait, disant qu'il ne l'aurait pas écrit, ou qu'il l'aurait écrit autrement, s'il avait eu connaissance des ouvrages de Jacob Bœhme. Madame de Bœklin, qu'il connut peu après, lui parla pour la première fois de Bœhme et le mit en relation avec son directeur spirituel Rodolphe de Salzmann sous l'inspiration duquel il composa l'*Homme de Désir*, ouvrage qui nous dépeint le mieux l'esprit de Saint-Martin.

On peut donc dire, avec M. Matter, que c'est à Strasbourg que s'accomplit la transformation de Saint-Martin. Cette transformation fut telle que notre théosophe, tout entier à ses études de mystique, résolut de se détacher définitivement de la *Stricte-Observance rectifiée*, dont son ami Willermoz dirigeait toujours la loge de Lyon. Il avait d'ailleurs d'autres raisons pour se séparer d'un Ordre dans lequel il ne figurait plus que par amitié pour Willermoz. Les événements postérieurs au convent de Wilhemsbad, tant en Bavière, qu'en Prusse, en Hollande et en Italie; l'agitation politique en France, en 1789, et le bruit qui commençait à circuler partout de l'action des Illuminés et des Francs-maçons dans la Révolution, au point de faire fermer les loges d'Autriche et de Russie, ne furent évidemment pas étrangers à la décision de Saint-Martin (1). Saint-Martin,

---

(1) Ces bruits suscitèrent les violents écrits des Lefranc, des Barruel et des Proyart. L'abbé Barruel s'efforça de

qui ne s'occupa jamais de politique ne voulait pas être compromis. Il jugeait qu'il l'était déjà assez par les fausses interprétations qui lui avaient valu les enfantines obscurités de son premier livre *Des Erreurs et de la Vérité*, sans vouloir l'être davantage par une figuration même fictive dans les cadres de la *Stricte-Observance rectifiée*.

Nous savons en effet que les Illuminés de Weishaupt avaient fait, après le convent de Wilhemsbad, de nombreuses affiliations parmi les membres de la Stricte-Observance, et que si les résultats mêmes du convent de Wilhemsbad avaient excité quelques soupçons, ces affiliations à l'Illuminisme n'avaient pas peu contribué à compromettre toute la Maçonnerie et en particulier la Stricte-Observance rectifiée. A la suite de quelles manœuvres Saint-Martin s'était-il trouvé inscrit, dès 1781, au Grand-Chapître d'Iéna? Nous voulons croire qu'il l'avait été d'office par les bons soins de son ami Willermoz; mais, quoi qu'il en soit, il est bien certain que Saint-Martin n'eût guère à se féliciter de cette sorte de figuration dont le comte de Haugwitz, ministre d'état prussien, prit acte pour accuser notre innocent théosophe, en

---

démontrer que le livre de Saint-Martin, *Des erreurs et de la Vérité*, avait pour but de renverser tous les gouvernements.

plein congrès de Vérone, d'avoir pactisé avec les ennemis de l'état et d'avoir voulu exercer une action néfaste sur les trônes et les souverains. En France il ne fut nullement question de tout cela; mais à Strasbourg, ville où affluait l'aristocratie d'Allemagne, de Russie et d'Autriche, et où l'on s'entretenait beaucoup des affaires de l'étranger, le bruit du rôle que l'on faisait jouer aux Templiers et aux Illuminés ne pouvait manquer de parvenir à la connaissance de Saint-Martin. C'est ce qui explique la lettre que Saint-Martin aurait écrite à Willermoz le 4 juillet 1790, lettre dans laquelle il semble hanté par la date 1785 année qui vit le procès des Illuminés de Weishaupt et les enquêtes qui s'ensuivirent dans les divers états européens.

« ... Je prie (notre frère, de présenter et de
« faire admettre ma démission de ma place dans
« l'ordre intérieur (1) et de vouloir bien me faire
« rayer de tous les registres et listes maçonni-
« ques où j'ai pu être inscrit depuis 1785; mes
« occupations ne me permettant pas de suivre
« désormais cette carrière, je ne le fatiguerai
« pas par un plus ample détail des raisons qui

---

(1) Cet Ordre intérieur est celui de la Stricte-Observance rectifiée au convent de Wilhemsbad. Nous en avons parlé plus haut.

« me déterminent. Il sait bien qu'en ôtant mon
« nom de dessus les registres il ne se fera au-
« cun tort, puisque je ne lui suis bon à rien ;
« il sait d'ailleurs que mon esprit n'y a jamais
« été inscrit ; or ce n'est pas être lié que de ne
« l'être qu'en figure. Nous le serons toujours je
« l'espère comme cohens, nous le serons même
« par l'initiation... » (1)

Ce que nous avons dit précédemment permet de comprendre le véritable sens du mot cohen (coën) que nous retrouvons ici. Saint-Martin attache évidemment à ce mot une idée toute personnelle, celle qu'il s'était faite, depuis sa tentative de réforme de l'*Ordre des Élus-Coëns*, de sa propre mission de par le

---

(1) Nous reproduisons cet extrait tel qu'il a été publié par M. Papus qui s'en est fait une arme pour soutenir que « Saint-Martin n'avait été inscrit sur un registre maçonnique qu'à dater de 1785 et que ce n'était qu'en 1790 qu'il s'était séparé de ce milieu ». Or si le *Mémoire* du comte Haugwitz et les *Éclaircissements* de M. de Gloeden nous rappellent que Saint-Martin fut inscrit le 3 avril 1781, pour le moins, sur les registres du Chapitre de Zion, le ton même de la présente lettre prouve que le théosophe ne s'occupait plus depuis longtemps des travaux maçonniques et en particulier de la loge « La Bienfaisance », de Lyon, sur les registres de laquelle, comme d'ailleurs sur ceux du chapitre d'Iéna, on le faisait figurer d'une façon tout arbitraire.

monde. Peut-être pourrait-on voir, dans la dernière phrase de la lettre ci-dessus, comme un rappel de l'initiation commune ; mais on ne saurait, à coup sûr, y voir une allusion à un Ordre dont ni Saint-Martin ni Willermoz ne faisaient plus officiellement partie depuis près de dix ans. En cette année de 1790 Saint-Martin est bien éloigné de Martinès de Pasqually et des successeurs de ce dernier. Si l'on en doutait, le témoignage du directeur de Madame de Boeklin, Rodolphe de Salzmann, ne laisserait subsister aucune incertitude. Voici en effet ce qu'il écrivait à M. Herbort de Berne, qui avait admis la tradition commune, celle que Saint-Martin non seulement voyait familièrement les esprits, mais qu'il ouvrait la vue ou donnait la faculté de les voir à ses amis :

« J'ai connu Saint-Martin dès 1787. Il fut à
« Strasbourg pendant deux ans, et ne quitta cette
« ville qu'au commencement de la Révolution.
« C'est ici qu'a été imprimée sous ma direction,
« la première édition de « l'Homme de Désir ».
« Je connais très exactement ses travaux. Il
« n'opérait pas sur le monde des esprits dans
« le sens ordinaire, et n'ouvrait pas les yeux
« aux autres pour y regarder. Cela est à coup
« sûr un malentendu » (1).

---

(1) *Correspondance mystique de Salzmann*, tome I

Obligé de quitter Strasbourg pour se rendre auprès de son père, à Amboise, il y retourna après le 22 juin 1791, au nom de « la bagarre de Varennes »; mais les plaintes de son père le contraignirent bientôt à abandonner de nouveau un séjour qui était son « paradis ». De retour à Amboise dans les premiers jours de juillet 1791, il vécut tantôt à Amboise, tantôt à Petit-Bourg, et ne fut pas inquiété par la Révolution dont il respectait les principes : « La marche impo-
« sante de notre majestueuse révolution et les faits
« éclatants qui la signalent à chaque instant, écri-
« vait-il à un de ses correspondants de Suisse, ne
« permettent qu'aux insensés ou aux hommes de
« mauvaise foi, de n'y pas voir écrite en lettres de
« feu l'exécution d'un décret formel de la Provi-
« dence. »

A l'exemple du franc-maçon Savalette, qui, après l'insolent manifeste du duc de Brunswick (25 juillet 1792), s'était présenté aux municipes, à la tête d'une troupe de volontaires armés et équipés par lui, en demandant que l'on décrétât la levée en masse, Saint-Martin contribua au grand effort de la nation en donnant du 16 septembre 1792 au 7 mars 1793 une somme totale de 1,650 livres pour l'équipement

---

contenant la correspondance de Lavater et autres mystiques de Suisse et d'Allemagne. Cabinet de M. Matter.

des trois cent mille volontaires que la République envoyait, à Lyon, en Vendée et sur les frontières, vaincre les rébellions de l'intérieur et les armées coalisées contre la France.

Saint-Martin resta à Petit-Bourg jusqu'en octobre 1793 : « J'étais à Petit-Bourg, écrit-il dans ses mémoires, lors de l'exécution d'Antoinette le 16 octobre 1793 » ; puis il vint à Paris. La Terreur régnait sur la France. Les armées de Brunswick avaient été vaincues à Valmy et les bombes des républicains incendiaient Lyon. La plupart des loges maçonniques étaient dissoutes, et, parmi celles qui existaient, toutes, sauf deux ou trois, ne pouvaient se réunir par suite de la dispersion de leurs membres. Le Grand-Orient de France voyait ses archives dispersées et la majeure partie de ses officiers victimes des excès révolutionnaires. Une seule des loges de cette puissante association continuait ses réunions, la loge du *Centre des amis*. A plus forte raison les Philosophes écossais, les Philalèthes, les Philadelphes et les Élus-Coëns étaient-ils obligés de suspendre leurs assemblées et toute correspondance qui eût pu sembler suspecte au Comité de sûreté générale. La mère-loge écossaise du Rite Philosophique s'était éteinte en léguant tous ses droits à la loge de *Saint-Alexandre-d'Écosse*. La loge des Amis-réunis, le temple du Trésor et celui de la rue de la Plâtrière étaient abandonnés. Parmi les *Philalèthes*, les uns, comme Savalette, étaient aux armées ; d'autres comme De Gleichen et De Bray avaient quitté la France ; d'autres enfin, comme Roëttiers de Montaleau ou De Saint-Léonard, étaient emprisonnés comme suspects. Et si quelques *Élus-Coëns*, dont l'Éprémenil, Amar et Prunelle de Lierre, siégeaient encore dans les Assemblées du pays (1), Salzac s'était retiré à Metz près de Frédéric Disch, l'abbé Fournié vivait en Angleterre, De Calvimont avait disparu, et D'Ossun et De Bonnefoy avaient émigré en Italie. Les directoires de la *Stricte-Observance rectifiée* n'étaient pas plus heureux. Celui d'Auvergne, le seul qui eût une loge en activité, celle de *la Bienfaisance*, à Lyon, était en proie à toutes les horreurs d'un siège sans merci. Les bombes pulvérisaient les archives provinciales que Willermoz n'avait pas eu le temps d'emporter de la loge située hors des murs, elles détruisaient la plupart de celles

---

(1) D'Éprémenil, conseiller au parlement de Paris, avait été membre de la Constituante ; il fit aux idées de 1789 autant d'opposition qu'il en avait fait au gouvernement avant la Révolution. Amar trésorier de France dont un auteur a écrit qu' « il se faisait gloire de sa piété devant ceux qui en avaient le moins » fut membre du Comité de Salut Public de la Convention. Prunelle de Lierre, homme religieux et de mœurs austères, siégea à la Convention nationale où il vota le bannissement de Louis XVI.

déposées dans la ville (1) et tuaient l'excellent abbé Rozier que le philalèthe Roëttiers de Montaleau, alors en prison à Paris avait remplacé dans ses fonctions au *Grand-Orient de France*. Puis, la ville étant tombée aux mains des assiégeants, Willermoz était emprisonné (2) et son frère Jacques décapité ainsi que l'avocat du roi, Willanès, le comte de Virieu et quelques autres qui avaient servi dans l'armée lyonnaise.

Saint-Martin ne resta que quelques mois à Paris. Atteint par le décret du 27 germinal. an II, qui éloignait de la capitale tous les nobles, il s'empressa de retourner à Amboise : « Je pars, écrivait-il le 30 « germinal, en vertu du décret sur les castes privi- « légiées et proscrites. Et c'est parmi elles que le « sort m'a fait naître ». D'ailleurs il ne resta pas longtemps à Amboise, car la République l'appela à

---

(1) M. Papus a publié dans son ouvrage sur *Martinès de Pasqually* une lettre de Willermoz au landgrave de Hesse, grand-maître de la Stricte-Observance rectifiée depuis le 2 novembre 1792, lettre qui relate ces faits. Cet auteur a malheureusement cherché à créer une confusion entre l'Ordre de la *Stricte-Observance rectifiée* et l'Ordre des *Élus-Coëns*, sous prétexte que Willermoz avait entre les mains quelques documents relatifs à ce dernier Ordre.

(2) Willermoz et Roëttiers de Montaleau furent remis en liberté après le 9 thermidor.

l'Ecole Normale de Paris : « Tous les districts de la
« République ont ordre d'envoyer à l'École Normale
« de Paris des citoyens de confiance, pour s'y met-
« tre au fait de l'instruction qu'on veut rendre géné-
« rale ; et quand ils seront instruits, ils reviendront
« dans leur district pour y former des instituteurs.
« L'on m'a fait l'honneur de me choisir pour cette
« mission, et il n'y a plus que quelques formalités à
« remplir pour ma propre sûreté, vu ma tache nobi-
« liaire qui m'interdit le séjour de Paris jusqu'à la
« paix ».

Saint-Martin se rendit aussitôt à Paris. Il s'y installa, rue de Tournon, maison de la Fraternité, et
peu de jours après il alla monter la garde au Temple où végétait encore le jeune prince Louis XVII.
En janvier 1795 il entre à l'École Normale où il
« s'honore d'un emploi si neuf dans l'histoire des
« peuples, d'une carrière d'où peut dépendre le bon-
« heur de tant de générations ». Sa mission le con-
trarie sous certains rapports : mais il veut apporter
son grain de sable au vaste édifice que Dieu prépare
aux nations ; car il est encore persuadé comme Mirabeau dans ses plus beaux jours que la Révolution
française fera le tour du globe. Saint-Martin voit
toujours la Révolution de haut, et abstraction faite
des accidents, quels qu'ils soient, il lit dans les grandes destinées de son pays celles de l'humanité.

A l'École Normale, Saint-Martin ne suivit pas un

cours de philosophie tel qu'il lui en fallait un. Il n'avait que des leçons d'idéologies, Condillac corrigé par Garat, un professeur qui n'était pas un philosophe. Aussi, au lieu d'étudier Descartes ou bien Malebranche et Leibnitz, qu'il semble ignorer, il s'attache plus que jamais au spiritualisme théosophique de Bœhme.

L'École Normale fut fermée le 30 floréal de l'an IV et Saint-Martin revint à Amboise. Il y reprit une correspondance très suivie avec le baron de Liebisdorf de Berne. Ce dernier ramassait de tous les côtés, à Londres, en Allemagne, à Saint-Pétersbourg et en Suisse, les nouvelles et les publications qui pouvaient intéresser le théosophe, et Saint-Martin reprenait ces nouvelles en sous-œuvre, quand son temps n'était pas absorbé par la publication des « Considérations philosophiques et religieuses sur la Révolution française » ou de l' « Éclair sur l'Association humaine », par un mémoire présenté à l'institut de Berlin ou par les traductions de quelques fragments de Bœhme.

La correspondance des deux amis dura jusqu'en 1799, année où Liebisdorf mourut sans avoir vu Saint Martin. Cette mort laissa dans l'âme du théosophe un vide que rien ne fut en état de remplir, car la correspondance de ses autres amis ne présentait pas un intérêt aussi vif au point de vue du développement mystique. Celle de madame de Bœcklin, sa

« chérissime amie » de Strasbourg, et celle de la duchesse de Bourbon, pour laquelle il avait écrit l'*Ecce Homo*, avaient sans doute d'autres attraits, mais si l'on en juge par les pages qui nous restent, ces lettres ne donnaient pas le même aliment à l'esprit de Saint-Martin. La correspondance de Monsieur et de Madame d'Effinger qui suivit celle du baron de Liebisdorf leur oncle, cessa aussi promptement qu'avait cessé celle de Salzmann. Dès lors personne n'entretint plus Saint-Martin ni de Young-Stilling, ni de Lavater, ni de la fille du célèbre ministre, ni du très mystique Eckartshausen. Quelques amis lui restaient : le comte Divonne, qui, revenu d'un exil de plusieurs années passé près du mystique Law, en Angleterre, pouvait l'entretenir des œuvres de Jane Leade « mais, nous dit Saint-Martin avec une pointe d'amertume, Divonne ne connaissait pas Bœhme »; Maubach et Gombaud : et enfin Gilbert, qui devait hériter un jour des manuscrits et des livres de son ami. De d'Hauterive il n'est plus question.

L'admiration de Saint-Martin pour Bœhme s'accrut avec les années. Bœhme fut pour le théosophe plus qu'une amitié, ce fut un culte. En même temps qu'il écrit l'*Esprit des choses* et le *Ministère de l'Homme Esprit* il publie de 1800 à 1802 des traductions de son auteur favori : *l'Aurore naissante* et les *Trois principes de l'Essence divine*. Il mit la dernière main en 1803 aux *Quarante questions sur l'âme* et à la *Triple vie de l'homme* et mourut d'une attaque d'apoplexie le 13 octobre 1803 chez un de ses amis à Aunay. Cet homme excellent n'avait vécu que soixante ans.

Cependant qu'était-il advenu de la Franc-Maçonnerie et en particulier des Philalèthes, des Elus-Coëns et de cette Stricte-Observance rectifiée dont Saint-Martin s'était définitivement séparé en 1790 et dont Villermoz dirigeait encore la Loge de Lyon en 1793 ?

La Franc-Maçonnerie avait échappé à grand-peine à la terrible tourmente révolutionnaire. A peine sortis de prison, les philalèthes Roëttiers de Montaleau et de Saint-Léonard, secondés par quelques dignes maçons des loges *Centre des amis*, *Amis de la liberté* et *Martinique des Frères réunis*, s'efforcèrent de reconstituer le *Grand Orient de France*. Parmi ces maçons dévoués nous retrouvons les frères Randon de Lucenay, Astier, Gillet de Lacroix, alors membres de cette loge du *Centre des Amis* qui avait été fondée à Paris, en 1789, par le *Grand-Orient de France*, et dont Roëttiers de Montaleau était vénérable.

Bien peu de Loges sortirent de leur sommeil pendant l'année 1795, car, en 1796, il n'y en avait encore que dix-huit dans toute la France : 3 à Paris, 7 à Rouen, 4 au Hâvre, 2 à Perpignan, 1 à Melun et 1 à la Rochelle.

Les autres associations se réveillèrent peu après. Les survivants de la *Grande-Loge* se réunirent le 17 octobre 1796. En 1801, le *Chapitre Rose-Croix d'Arras* se réveilla et s'unit au *Grand-Orient* ; et la loge *Saint-Alexandre-d'Ecosse*, héritière de la Mère-Loge du *Rite Ecossais philosophique*, reprit les travaux de son rite le 24 juin de la même année.

Cette loge de *Saint-Alexandre-d'Ecosse* nous intéresse particulièrement ici, parce qu'elle acquit en 1806, de différentes personnes une bonne partie des archives philalèthes qui, à la mort du marquis Savalette de Langes, avaient été vendues à l'encan dans un moment où la dispersion des principaux intéressés avait failli être fatale à ces archives. Le dépôt du Trésor qui comprenait, outre les archives du *Régime Philalèthe*, un grand nombre de documents de la loge hermétique de Montpellier intéressant le *Rite Ecossais Philosophique*, et la presque totalité des archives de l'*Ordre des Elus-Coëns*, fut acheté par lots à un prix dérisoire par les frères Tassin, de Pontcarré, Astier et Fourcault, qui se partagèrent scrupuleusement les documents et les livres que le hasard leur avait attribués. C'est ainsi que le *Grand-Orient* fut remis en possession d'un certain nombre de pièces manuscrites concernant l'ancienne *Grande-Loge* et notamment des procès-verbaux antérieurs à 1773, et que les procès-verbaux du Tribunal-Souverain de Paris ainsi que les cahiers, registres administratifs et correspondances de l'*Ordre des Elus-Coëns* firent retour aux intéressés, tandis que la loge de *Saint-*

Alexandre-d'Ecosse augmentait ses archives de celles des Philalèthes et des dépouilles de la riche bibliothèque et du curieux cabinet de physique et d'histoire naturelle dont Savalette de Langes avait été conservateur.

Toutes ces archives eurent de nombreuses tribulations. La plus piquante fut celle des documents qui avaient été attribués au *Grand-Orient* dont le frère Thory était l'archiviste. Ce frère s'étant séparé du *Grand-Orient* pour entrer au *Rite Ecossais Philosophique* aurait conservé après sa séparation la plupart des archives provenant des Philalèthes, archives qui lui étaient d'un grand secours dans les travaux historiques qu'il avait entrepris sur la Franc-Maçonnerie. Devenu conservateur des archives du *Rite Ecossais Philosophique*, il s'acquitta consciencieusement de ses nouvelles fonctions ; mais, comme les archives étaient déposées chez lui, il se produisit à sa mort un accident identique à celui qui avait accompagné la mort de Savalette de Langes. La bibliothèque et les précieuses archives furent vendues par la veuve à un américain, qui n'ayant pas trouvé à les vendre convenablement dans son pays, les réexpédia en France, où elles furent revendues en 1863 aux enchères publiques. Le Grand-Orient dut alors racheter quelques ouvrages et les procès-verbaux de l'ancienne *Grande-Loge* qui lui avaient appartenu. Quant à la loge de *Saint-Alexandre-d'Écosse*, elle avait fermé ses travaux en 1826, sans avoir pu rentrer en possession de son bien (1).

Les archives de l'*Ordre des Élus-Coëns*, après avoir été menacées de dispersion totale, eurent une existence moins agitée. Les élus-coëns Fourcault et De Pontcarré qni se les étaient partagées les remirent en 1809 au T. P. M. Destigny, revenu de Saint-Domingue à la suite des évènements qui enlevèrent cette île à la France.

Ce frère joignit au dépôt les archives particulières de la colonie, moins celles de l'Orient de Léogane qui avaient été la proie d'un incendie; et, vers 1812 le T. P. M. substitut d'Ossun restitue également, à son retour d'Italie, les divers documents que lui et le frère de Bonnefoy avaient emportés de l'Orient d'Avignon avant les troubles de 1793. Destigny fut conservateur des archives des *Elus-Coëns* jusqu'en 1868. Un an avant sa mort il les remit au frère Villa-

---

(1) Aujourd'hui il est bien difficile de faire un recensement de ces archives, dont quelques débris furent acquis par la loge du *Mont-Thabor*. Le Dr Morison de Greenfield en possède quelques autres, ainsi que M. Matter. Des fragments nous en restent qui sont communs à l'Ordre des Elus-Coëns. M. Kergemard a conservé une partie de la correspondance étrangère ; et nous avons pu voir, dans la bibliothèque d'une autre personne, deux registres des chapitres philalèthes.

réal aux bons soins duquel nous devons de les avoir conservées (1).

De même que dans notre précédent travail (2), nous arrêterons ici l'histoire des *Elus-Coëns* : et nous terminerons la présente notice, déjà si longue, en disant quelques mots de la *Stricte-Observance rectifiée*, que l'on a cherché à confondre avec l'*Ordre des Elus-Coëns*, et d'un prétendu ordre attribué à Saint-Martin qui n'a pas lieu de se louer d'une telle addition à ses œuvres posthumes.

Les trois directoires français de la *Stricte-Observance rectifiée* (Besançon, Lyon (3) et Montpellier) se réveillèrent successivement de 1805 à 1808. Ils se réclamèrent presque aussitôt du Grand-Orient. Mais

---

(1) Les archives des *Elus-Coëns* comprennent celles de tous les orients de l'Ordre, moins deux, les orients de Léogane et de Lyon, soit onze orients. Ce qui reste des archives de Lyon est aujourd'hui entre les mains de M. Papus qui en a publié des extraits dans son ouvrage sur *Martinès de Pasqually*, ouvrage qui serait fort instructif si l'auteur ne l'avait écrit *pro domo sua* et sans aucun souci de l'histoire maçonnique.

(2) Voy. la notice qui accompagne le *Traité de la Réintégration des Êtres* de Martinès de Pasqually, publié pour la première fois dans la Bibliothèque Rosicrucienne de l'*Ordre de Misraïm*.

(3) La Loge de *la Bienveillance* fut réveillée le 24 septembre 1806.

celui-ci était peu désireux de renouveler les traités antérieurs et il accorda une reconnaissance entière des loges directoriales moyennant que ces dernières choisissent un grand-maître national.

Les membres de la loge du *Centre des amis* de Paris s'entremirent, et, en juin 1808, le prince de Cambacérès, Grand-Maître adjoint du *Grand-Orient*, accepta avec le titre d' « Eques Joanes Jacobus Regis a legibus », la charge de Grand-Maître national de la *Stricte-Observance rectifiée*, pour la province de Bourgogne. En mars 1809, Willermoz obtint la même faveur pour la province d'Auvergne (1), et, en mai 1809, ce fut le tour de la province de Septimanie.

Mais cela n'empêcha pas les Directoires de disparaître définitivement peu après, à la suite de la mort de Willermoz. En 1810, à la veille de s'éteindre faute de membres, le Directoire de Bourgogne transmit ses pouvoirs à une loge de Genève l'*Union des cœurs*, et, grâce à cet artifice, le Directoire helvétique qui venait de se réveiller à Bâle, mais que le *Grand-Orient de France* refusait de reconnaître, put rester en relations avec ce *Grand-Orient* par l'intermédiaire de l'*Union des cœurs*.

---

(1) Chose étrange, M. Papus qui mentionne ce fait relaté dans une lettre de Villermoz au prince de Hesse l'attribue à l'*Ordre des Elus-Coëns* en ajoutant que cela lui permet de suivre cet Ordre jusqu'en 1810.

En 1811 le Directoire helvétique nomma pour grand-maître provincial Pierre Burkhard. En 1812 le *Grand-Orient Helvétique Roman* fit une tentative pour réunir toutes les loges de la Suisse sous son autorité suprême mais cette tentative échoua parce que d'un côté le Directoire helvétique fit de l'acceptation du rite de la Stricte-Observance rectifiée la condition « sine qua non » de sa jonction, et que d'un autre côté la loge de l'*Espérance* de Berne, qui trouvait le système de la Stricte-Observance rectifiée aussi peu en rapport avec le pur enseignement primitif de la Franc-Maçonnerie que sa constitution elle-même l'était avec la liberté qu'on désirait, crut ne pas pouvoir entrer dans ces vues.

En 1846 il y eut une nouvelle tentative de fusion qui échoua comme la première, parce que le Directoire helvétique refusa de déclarer sa complète indépendance à l'égard du Grand-Maître allemand, le prince de Hesse, successeur du duc de Brunswick.

Le Directoire helvétique continua de végéter jusqu'en 1830. Il n'y avait plus alors de Directoires ni en France, ni en Allemagne, ni en Russie (1); et, à par-

---

(1) A la vérité le Directoire de Brunswick disparut en juillet 1792 à la mort du duc. Le dernier Directoire de la province de Russie disparut le 12 août 1822, à la suite de l'ukase de l'empereur Alexandre. En France, la seule

tir de 1836, on ne nomma plus de Grand-Maître général de l'Ordre ni de Grands-Maîtres des provinces, ni même de Grand-Prieur helvétique. Aussi le mouvement unioniste suisse gagna-t-il du terrain.

Cependant ce ne fut que le 22 janvier 1844 que le Directoire helvétique se décida à fusionner. Dès lors, le Danemarck fut le dernier rempart du rite templier rectifié et de ses chevaliers bienfaisants réfugiés dans la loge de l'*Étoile polaire* de Copenhague ; il le fut jusqu'au 6 janvier 1855, date à laquelle le roi de Danemarck abolit définitivement le système de la *Stricte-Observance rectifiée* pour le remplacer par le système de Zinnendorf.

Maintenant que nous croyons avoir démontré qu'il est enfantin de confondre l'*Ordre des Élus-Coëns*, que M. Matter a désigné sous le nom de « Martinésisme », avec l'*Ordre de la Stricte-Observance* même *rectifiée*, introduit en France vers 1774 sous les auspices de

---

loge du *Centre des Amis*, qui en sa qualité de loge réorganisatrice du *Grand-Orient* de France, s'était entremise en 1808 pour obtenir aux Directoires français la protection du prince de Cambacérès, et à laquelle Willermoz, Grand-Maître de la province d'Auvergne avait décerné en échange le titre de préfecture, continua jusqu'en 1829 à pratiquer le *rite templier rectifié* concurremment avec le *rite français* et le *rite écossais ancien et accepté*.

Willermoz et qu'un autre auteur a jugé utile de baptiser « Willermosisme »; il nous reste à rechercher si, comme le prétend ce dernier auteur Saint-Martin est réellement le fondateur d'un Ordre qualifié « Martinisme » et dont les sectateurs se désigneraient du nom de martinistes. »

Ce que nous avons exposé de la vie de Saint-Martin au cours de cette Notice prouve déjà clairement que, si un tel Ordre avait existé, il aurait eu bien peu de rapport avec l'*Ordre des Élus-Coëns*; mais nous prétendons de plus que Saint-Martin ne fonda jamais aucun Ordre, et que le nom de « Martinistes » ne peut désigner que ceux qui avaient adopté une manière de voir conforme à celle du théosophe, tendant plutôt à s'affranchir de tous travaux rituels et à rejeter toute science occulte pour ne se livrer qu'à l'étude des divers mystiques de l'Europe. C'est ce que nous avons déjà avancé assez succintement il y a un an, et il faut qu'on nous ait prêté de bien noirs desseins pour qu'on nous ait soupçonnés d'avoir écrit semblable chose sans avoir auparavant pris connaissance de tous les documents pouvant jeter quelque lumière dans une question qu'aucuns cherchent à rendre fort trouble.

Sans avoir recours à aucun document inédit, nous avions pu aisément constater que la plupart des auteurs maçonniques ou autres qui ont bien voulu nous laisser quelques lignes sur la question « Martinisme », s'étaient servilement copiés en se bornant à amplifier les récits de leurs devanciers des détails les plus invraisemblables. Les uns ont confondu franchement Martinès de Pasqually et Saint-Martin. Ignorant l'existence du premier, ils ont attribué au second son œuvre de propagande qu'ils nomment alors avec logique « Martinisme. »

Les autres ont distingué nettement les deux personnages. Il désignent alors Martinès comme ayant propagé le rite des *Élus-Coëns* et nous présentent Saint-Martin comme le fondateur d'un Martinisme qui est tour à tour : le rite écossais rectifié dit de Saint-Martin, le rite de la Stricte-Observance templière, le système des Illuminés de Weishaupt, le rite des Philalèthes, la société des Philosophes Inconnus, le rite hermétique des Illuminés d'Avignon, l'académie des vrais maçons de Montpellier, etc., etc., soit beaucoup de choses souvent fort différentes et dont aucune n'a de rapport avec la pensée de Saint-Martin (1).

---

(1) Dans ce genre de sport, la palme revient à M. Papus. Ici comme ailleurs cet auteur a fait ce qu'il appelle de la synthèse. Pour lui cette opération revient à additionner les opinions les plus contradictoires pour brocher ensuite sur le tout au petit bonheur de l'imagination. M. Papus ayant probablement lu dans Marconis de Nègre que Saint-Martin avait fondé la société des Philalèthes ren-

Si tant d'affirmations contradictoires ne témoignaient pas en faveur de l'existence d'un Martinisme un autre indice non moins significatif était le suivant : Alors que la correspondance de tous les Élus-Coëns, De Lescourt, Salzac, Fournié, De Calvimont, D'Ossun, Disch, Villaréal, etc, était remplie du détail presque journalier de tous les faits concernant l'*Ordre* des *Élus-*

---

chérit immédiatement et déclare que « les *Philalèthes*, les *Illuminés d'Avignon*, l'*Académie des Vrais Maçons* de Montpellier dérivent directement du *Martinisme* ». Ailleurs il ne néglige pas de citer après Ragon et de l'Aulnaye, l'*Écossais rectifié de Saint-Martin* qu'il attribue à Saint-Martin ; et il va jusqu'à reproduire, dans son ouvrage sur Martinès de Pasqually et son œuvre de réalisation, un ornement de loge qu'il nous donne comme provenant des archives de Lyon. Ce dernier fait n'est pas invraisemblable, mais nous ferons observer que l'ornement en question appartient à l'*Ordre de la Stricte-Observance* dont Willermoz fut un des Grands-Maîtres provinciaux. Nous pensons que si M. Papus avait eu, comme nous, entre les mains, la Grande Étoile d'Ordre dont se décorait Willermoz et qui porte en exergue la devise templière, il n'aurait pas manqué de la reproduire comme une décoration des *Élus-Coëns* ou de l'*Ordre du Martinisme* (?). N'a-t-il pas attribué à Saint-Martin un pantacle qui figure dans une édition de Boëhme antérieure à 1770, comme il lui a attribué le « nom mystique du Christ » qui figure dans un ouvrage du R. P. Kircher pour ne parler que de cet auteur ?

Coëns, la correspondance de tous ceux qui, comme Maubach, Divonne, Madame de Bœcklin, Thieman, Gombaud, Salzmann, Gence ou Gilbert, avaient vécu dans l'intimité de Saint-Martin après la séparation de ce dernier de l'*Ordre des Élus-Coëns*, ne faisait pas la moindre allusion à un *Ordre du Martinisme*. La correspondance pourtant si intime du baron de Liebisdorf avec Saint-Martin ne parle pas davantage de ce Martinisme ; et cependant, Liebisdorf qui connaissait plusieurs des amis de Saint-Martin, qui aurait eu maintes occasions d'entendre parler du Martinisme, et qui entretenait fréquemment son correspondant de l'école de Martinès Pasqually, de l'école du Nord et de celle de Cagliostro, n'aurait pas manqué de faire quelque allusion à une telle société, si cette société eût existé.

Joignons à ce silence l'absence complète de tout document dans les archives des divers rites et dans les collections particulières les plus riches, et nous arrivons à penser que le mot Martinisme n'a pu prendre naissance ni parmi les Maçons-Élus-Coëns, ni dans l'entourage de Saint-Martin.

La question se pose cependant d'une manière fort nette : ou le mot Martinisme dérive de Martinès, ou bien il dérive de Saint-Martin. Dans le premier cas on peut objecter d'abord le silence des initiés. Ceux-ci d'ailleurs n'ignoraient pas que le nom du Grand-Souverain des Maçons-Élus-Coëns, tout en s'écrivant

Martines se prononçait Martinès. On peut objecter ensuite que les personnes mal informées orthographant ce nom Martinez, le mot Martinisme en dériverait si difficilement que M. Matter a cru devoir forger le mot nouveau Martinésisme. Il semble donc que le mot Martinisme dérive bien de Saint-Martin ; et alors on peut se demander comment s'est faite cette dérivation et quel est cet Ordre fantôme, que certain auteur nous présente si joyeusement comme répandu dans toute l'Europe, et qui serait resté si supérieurement inconnu qu'on n'en trouverait aucune trace dans les archives et dans les correspondances privées de l'époque.

Il n'y a plus pour nous aucun doute. Si le mot Martinisme dérive de Saint-Martin, ce n'est certainement pas parce que ce dernier a voulu faire de son nom l'enseigne d'un nouvel Ordre. Il y aurait là une vanité dont nous verrons plus loin Saint-Martin se défendre.

Il est aujourd'hui de toute évidence que Saint-Martin n'a organisé aucun Martinisme, que ce mot vient du public, du monde profane, et ne signifie rien parce que la dérivation ne s'en est faite que par suite d'une confusion regrettable des personnalités de Saint-Martin et de Martinès de Pasqually, confusion qui a fait attribuer au premier l'œuvre du second. Une certaine similitude dans le nom des deux hommes, jointe au fait que Saint-Martin, qui était resté cinq ans dans la loge de Martinès de Pasqually, la désignait couramment dans sa correspondance et dans sa conversation par ces mots : « Mon ancienne école » firent tous les frais de cette méprise qui fut telle que lorsqu'en 1803 les feuilles publiques annoncèrent le décès de Saint-Martin elles le confondirent avec Martinès de Pasqually mort depuis 1774.

Mais si l'on ne trouve aucune trace de Martinisme, on peut se demander par contre si certains individus ne prirent pas le titre de « Martinistes » voulant désigner par là qu'ils adhéraient aux idées que Saint-Martin avait exposé dans certains de ses livres. Nous disons « certains de ses livres », parce qu'il est particulièrement piquant que ce ne soient pas ceux d'entre les ouvrages de Saint-Martin qui nous dépeignent le mieux la pensée du théosophe qui furent le plus goûtés du public. Saint-Martin se rendait très bien compte de cette anomalie ; et s'il ne fît jamais la moindre allusion à un Martinisme, même dans ses notes les plus intimes, deux fois l'épithète de « Martiniste » revient sous sa plume.

Une première fois c'est en 1787, alors que parlant de quelques diplomates russes rencontrés en Angleterre, il écrit dans une des notes de son « Portrait » :

« Leur impératrice Catherine II a jugé à propos
« de composer deux comédies contre les *Martinistes*,
« dont elle avait pris ombrage. Ces comédies ne firent
« qu'accroître la secte. Alors l'impératrice chargea

« M. Platon, évêque de Moscou, de lui rendre compte
« du livre des *Erreurs et de la Vérité*, qui était pour
« elle une pierre d'achoppement. Il lui en rendit le
« compte le plus avantageux et le plus tranquilli-
« sant. Malgré cela, quelque instance que m'aient
« faite mes connaissances pour aller dans leurs pays,
« je n'irai pas pendant la vie de la présente impé-
« ratrice. Et puis j'arrive à un âge ou de pareils
« voyages ne se font plus sans de sérieuses ré-
« flexions ».

M. Matter, le si consciencieux historien auquel nous devons le meilleur ouvrage qui ait été écrit sur Saint-Martin et sa doctrine, s'était déjà arrêté à ce passage en cherchant quel sens on devait attribuer au mot *Martinistes*. Convaincu à la suite d'un examen scrupuleux de la vie et des ouvrages du théosophe que ce dernier n'avait fondé aucun Martinisme, et intrigué par le ton général de la note ci-dessus, il avait supposé que l'épithète martiniste désignait des martinésistes. M. Matter qui, comme descendant de Rodolphe de Salzmann, s'était trouvé en possession des principaux documents relatifs à Saint-Martin ; qui avait reçu communication d'un sien ami, M. Chauvin, exécuteur testamentaire de Gilbert, ami et unique héritier de Saint-Martin, de tous les papiers manuscrits du théosophe ; et qui avait pu lire la presque totalité de la correspondance de Saint-Martin avec Divonne, Maubach, Mme de Bœcklin, Salzmann, etc.;

ainsi que celle de Salzmann, de Lavater et de sa fille, de Herbort, de M¹¹ᵉ Sarazin, d'Eckartshausen et de Young Stilling (1) ; M. Matter, donc, n'ayant rien trouvé qui fit allusion à une association aussi rudimentaire que possible, avait conclu que la « secte des Martinistes » dont parlait Saint-Martin ne pouvait désigner que des Élus-Coëns. M. Matter ignorait vraisemblablement qu'il n'y eu jamais d'Élus-Coëns en Russie, mais des Directoires de la Stricte-Observance ; cependant la croyance où il était que l'*Ordre des Élus-Coëns* avait des attaches avec l'École du Nord, autorisait sa supposition.

L'explication la plus vraisemblable ne vint jamais à la pensée de M. Matter, parce que l'auteur de l'Histoire du Gnosticisme et de l'Histoire du Mysticisme en France au temps de Fénelon ne pouvait penser que les idées de Saint-Martin constituassent un système suffisamment original pour qu'on put le désigner du mot *Martinisme*, comme on a désigné les systèmes d'un Descartes et d'un Spinosa des mots Spinosisme et Cartésianisme ; et, n'ayant pu attribuer ce mot à une société issue de Saint-Martin, il ne songeait pas que l'on put davantage en étiqueter les

---

(1) La correspondance de ces différents personnages qui n'a pas encore été publiée nous a été conservée par MM. D'Effinger, Tournyer, Munier et Matter.

idées du théosophe, alors qu'il n'existait ni Lawisme, ni Guyonisme, ni Salzmannisme. Mais comme ce qui ne présente que peu d'originalité à des érudits peut en présenter beaucoup à un milieu moins bien informé, M. Matter eût sans doute jugé autrement s'il avait eu connaissance de ce dont témoigne M. de Haugwitz et que laisse entendre la précédente note de Saint-Martin.

En 1776, alors que Saint-Martin, qui venait d'écrire son premier ouvrage *Des Erreurs et de la Vérité*, ne s'était pas encore séparé des travaux que la loge *la Bienfaisance* tenait à Lyon sous les auspices de la Stricte-Observance, Willermoz jugea utile de faire connaître le livre de Saint-Martin dans les diverses provinces de l'Ordre. A cet effet, il en fit un service très étendu à tous les directoires de ces provinces. L'ouvrage dont le service fut fait avec le plus grand mystère excita la curiosité à un si haut point que l'on peut dire que Saint-Martin, dont cet ouvrage est le plus mauvais, dut à Willermoz, la renommée qui s'attacha brusquement à son nom, alors que tant d'ouvrages remarquables restaient ignorés ou méprisés. C'est ainsi que la haute société russe, dont presque tous les membres fréquentaient alors assidûment les loges de la *Stricte Observance templière*, connut Saint-Martin et se fit une sorte de bréviaire de son premier écrit, dans lequel, à travers le style le plus énigmatique, on retrouve la doctrine si ancienne et si universellement répandue d'un bon et d'un mauvais principe, d'un ancien état de perfection de l'espèce humaine, de sa chute, et de la possibilité d'un retour à cette perfection. Malheureusement les ténèbres dont l'auteur voilait des choses d'une si grande simplicité et le mystère qui entourait l'envoi de son livre produisirent dans le milieu templier un effet très inattendu. Dans cet ouvrage dont Kreil disait que « jamais auteur n'avait exploité au même degré la puissance de l'imagination, depuis longtemps découverte par Malebranche, sur les esprits faibles, les circonstances exceptionnelles, les accidents et les hypothèses »; où Gedike et Biester démêlaient une suite de symboles et de récits allégoriques destinés à retracer l'origine, les tribulations et le but de l'Ordre des Jésuites; mais où Voltaire ne voyait qu'un « archigalimatias »; la plupart des frivoles esprits de la cour de Catherine II, jeunes et turbulents seigneurs qu'exaltaient les fables de la *Stricte-Observance*, virent tout autre chose que ce qui ne méritait pas tant de mystères et de circonlocutions. Les deux principes, l'homme et ses armures, sa lance, son poste, les nombres de sa chute et de son rétablissement, le Grand-Œuvre, etc., dont il est parlé dans l'ouvrage de Saint-Martin reçurent une interprétation toute naturelle et s'appliquèrent désormais, non pas à l'Ordre des Jésuites, mais à celui du Temple, à ses principes, à ses ennemis, à sa chûte et à son rétablissement. On a peine à croire quand on lit dans Puschkin, dans Bode ou dans Gagarin, la portée qui fut attribuée aux mots les plus simples, à quel degré d'aberration peuvent atteindre certains esprits. Folie de sectaires que celle de ces « chevaliers bienfaisants » trop zélés scrutateurs du livre des *Erreurs et de la Vérité*. Dans leur cerveau les idées de l'innocent Saint-Martin revêtent les formes les plus curieuses. Certains passages sont donnés comme faisant allusion au rôle joué par Rosa ou par De Hund, en Allemagne, dans le rétablissement de l'Ordre des Templiers, à la lutte des autorités ecclésiastiques contre les nouveaux chevaliers, à de prétendues tentatives de Stark pour faire tomber l'Ordre entre les mains du clergé, à Zinnendorf, à Schröder, à la politique suivie par les chevaliers dans les provinces non encore rétablies dans leurs droits, etc., etc. Chose étrange, le mystique Haugwitz, lui-même (1), déclarait qu'après avoir cru trouver dans le livre des *Erreurs et de la Vérité*, ce qui, d'après sa première opinion était caché sous les emblèmes de l'Ordre de la *Stricte-Observance templière*, sa conviction à mesure qu'il pénétrait plus avant dans la signification de ce tissu ténébreux, était devenue plus profonde, que

---

(1) Il était, en 1778, chargé d'affaires de la Stricte-Observance dans les loges de Pologne et de Russie.

quelque chose de tout autre nature devait se trouver dans l'arrière-fond, et que le manteau des mystères religieux ne servait qu'à couvrir les plans les plus criminels (*sic*).

On conçoit sans peine l'inquiétude que purent éveiller chez Catherine II les élucubrations de ses sujets « martinistes » après avoir essayé de les tourner en ridicule dans des comédies où ils récitaient les tirades les plus tragiques pour arriver à festoyer gaiement à la manière pétersbourgeoise, elle chargea l'évêque de Moscou d'examiner le livre des *Erreurs et de la Vérité*, et, l'évêque n'ayant rien vu « sous le manteau des mystères religieux » l'amie des Philosophes ne jugea pas à propos de s'inquiéter plus longtemps.

Il est probable que le prince Galitzin ou M. De Kachelof instruisirent Saint-Martin de ces détails. S'il en éprouva un mécontentement suffisant pour lui faire manifester dans sa note une certaine mauvaise humeur il se contenta de laisser à ses connaissances le soin d'éclaircir le malentendu de leurs compatriotes. Plus tard il en vint à regretter d'avoir écrit « dans le feu de la première jeunesse » et d'avoir « occasionné par là, dans les autres, des mouvements faux qu'ils n'auraient pas eus sans cela » (1); et, après ses plaintes à Willermoz, après

---

(1) Il est certain que les sujets dans lesquels se canto-

sa séparation des chevaliers de *la Bienfaisance* de Lyon et sa démission de l'Ordre intérieur de la *Stricte-Observance rectifiée,* il lui arriva sans doute plusieurs fois de protester comme il le fait dans la lettre ci-dessous à la date du 5 août 1798 (1).

« Monsieur »
« Les offres gracieuses que vous me faites
« au sujet du Arnold et les compliments flateurs
« que vous m'adressez pour l'Éclair sur l'asso-
« ciation, me font un devoir de dissiper votre

---

nait Saint-Martin ne demandaient pas à être traités dans un style trop obscur. En 1797, le baron de Liebisdorf conjurait encore son ami d'écrire avec plus de clarté : « Les profanes, disait-il, ne vous liront point que vous soyez clair ou obscur, étendu ou serré. Il n'y a que les hommes de désir qui vous liront et profiteront de votre lumière : donnez-la leur aussi pure que possible et aussi dévoilée que possible ». Chose curieuse, M. Papus qui a cru devoir faire de ces lignes l'épigraphe d'un récent libelle contre la Franc-Maçonnerie, les a attribuées à Saint-Martin.

(1) Cette lettre devait trouver place dans le cours de ce travail et nous aurait sans doute abrégé notre tâche; mais, l'autorisation de la reproduire nous étant parvenue un peu tardivement, nous avons dû écrire la présente Notice sans tenir compte d'un document qui ne fait d'ailleurs que ratifier ce que nous croyons avoir clairement établi.

« incertitude sur les autres objets. Je ne suis
« absolument pour rien dans le petit traité que
« je connaissais déjà par des extraits que m'en
« avait fait M. Divonne (1). Ce sont de ces choses
« bâtardes qui circulent dans le public à la re-
« cherche de leur auteur. Celui-ci me paraît
« homme de bien, mais je vous avoue que je ne
« peux prononcer sur aucun de ses sujets.

« Je vous prierai aussi d'accepter le même
« avertissement sur l'arrangement écossais.
« Cette composition n'est pas de moi et je vous
« plaindrais si vous vous amusiez à perdre votre
« temps dans de telles broussailles. Une de mes
« connaissances de Strasbourg, qui connaissait
« mes relations de librairie, m'avait prié de lui
« en négocier un exemplaire. Cette affaire n'a
« point eu de suite à cause du discrédit où est
« tombé ce genre de production depuis une
« douzaine d'années, et aussi à cause de l'abus
« que je pensai que l'on pouvait faire de mes
« bons offices. M. Cottin a été tué à Nancy.

---

(1) Nous n'avons pu trouver à quel « petit traité » Saint-Martin faisait ici allusion. Il ne paraît pas que ce soit la *Suite des Erreurs et de la Vérité*. Ce pourrait être le *Livre Rouge*. M. Matter a bien écrit que Saint-Martin disait que le *Livre Rouge* était de lui, mais nous n'avons pu retrouver cette revendication.

« Je vous rends grâce des nouveaux détails
« que vous me donnez. Je sais que je passe dans
« l'esprit de beaucoup de monde, qui est quel-
« quefois l'esprit du monde, pour être auteur de
« quelques productions du même genre. Je sais
« que ceux qui ont bien voulu accorder leur es-
« time à mes ouvrages leur ont prêté trop vo-
« lontiers ce qui leur manquait. Je ne songe
« point à blâmer ces *Martinistes* : n'est-ce pas le
« destin des livres de devenir la proie des lec-
« teurs? Mais je suis étonné de ce que vous
« m'ayez jugé assez infatué de mon faible mé-
« rite pour que j'aie pu donner mon nom à mon
« ancienne école ou à une autre. Ces établis-
« sements servent quelquefois à mitiger les
« maux de l'homme, plus souvent à les aug-
« menter, et jamais à les guérir, parce que les
« arlequinades dont nous bariolons notre exis-
« tence resteront toujours trop loin de l'œil de
« la Province; ceux qui y enseignent ne le font
« qu'en montrant des faits merveilleux ou en
« exigeant la soumission. Ma tâche a été
« moins brillante, car le silence est à tous égards
« le seul parti qui me convienne.

« Adieu, Monsieur. Je ne puis m'entretenir
« plus longtemps avec vous. Si, grâce à Dieu,
« je suis encore traité avec le même soin que
« par le passé, notre Révolution a réduit mes

« moyens pécuniaires à si peu de chose que je
« regrette de ne pouvoir vous faire cadeau de
« l'objet de votre désir. Vous pouvez toujours
« m'écrire jusqu'à nouvel avis.

SAINT-MARTIN (1).

Ce document que M. Alexandre Munier a bien voulu nous autoriser à reproduire et dans lequel nous retrouvons pour la deuxième fois le mot *martinisme* nous permet d'apprécier la valeur de ce qualificatif. Le passage relatif à un « arrangement écossais » pourrait s'appliquer à l'*Écossais de Saint-Martin*; mais les détails qui y figurent rendent cette application difficile parce qu'ils sembleraient indiquer que Saint-Martin n'aurait connu cet ouvrage qu'entre 1787 et 1791.

Quoi qu'il en soit, il ressort clairement, de tout ce que nous avons exposé, que Willermoz et Saint-Martin ne furent nullement les continuateurs de Martinès de Pasqually, et que si Saint-Martin se sépara de Willermoz après s'être séparé de l'Ordre des

---

(1) Extrait du recueil de correspondance de Saint-Martin avec MM. Maglasson, De Gérando, Maubach, etc., appartenant à M. Munier.

Maçons-Élus-Coëns, ce ne fut pas pour fonder un Ordre du Martinisme.

Un Chevalier de la Rose Croissante.

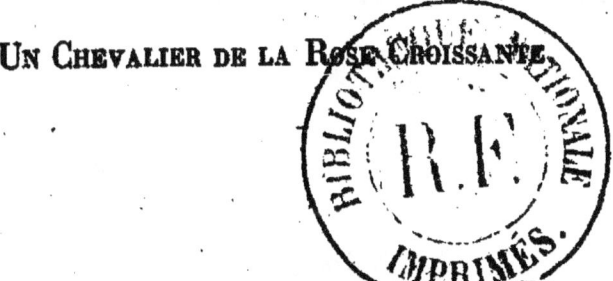

Paris. 19 décembre 1899, jour anniversaire de la mort de Caignet de Lestère, successeur de Martinès de Pasqually.

BIBLIOTHEQUE NATIONALE

SERVICE DES NOUVEAUX SUPPORTS

58, rue de Richelieu, 75084 PARIS CEDEX 02   Téléphone   266 62 62

Achevé de micrographier :   20 / 6 / 1977

Défauts constatés sur le document original

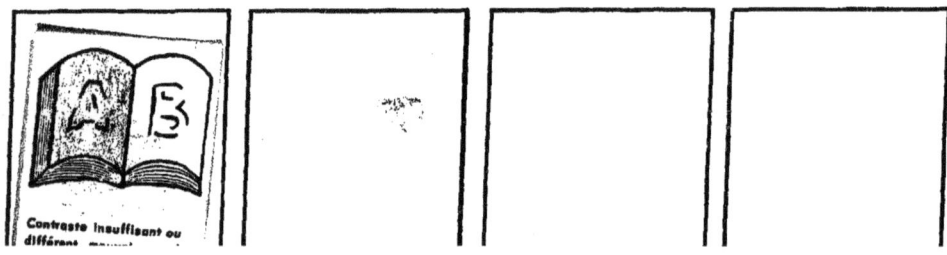

www.ingramcontent.com/pod-product-compliance
Lightning Source LLC
Chambersburg PA
CBHW051908160426
43198CB00012B/1802